U0369147

· 大学的邀请 ·

第三版

法学的邀请

Invitation to Law

[英] 布赖恩·辛普森 (Brian Simpson) 著

范双飞 译

北京大学出版社
PEKING UNIVERSITY PRESS

著作权合同登记号 图字:01-2007-4421

图书在版编目(CIP)数据

法学的邀请 /（英）布赖恩·辛普森著；范双飞译 . 3 版 . —— 北京：北京大学出版社，2025.6. —— （大学的邀请）. —— ISBN 978-7-301-36037-8

Ⅰ . D90

中国国家版本馆 CIP 数据核字第 2025J8V896 号

书　　　名	法学的邀请（第三版）
	FAXUE DE YAOQING（DI-SAN BAN）
著作责任者	[英] 布赖恩·辛普森（Brian Simpson） 著　范双飞 译
责 任 编 辑	李书雅
标 准 书 号	ISBN 978-7-301-36037-8
出 版 发 行	北京大学出版社
地　　　址	北京市海淀区成府路205号　100871
网　　　址	http://www.pup.cn　新浪微博：@ 北京大学出版社 @阅读培文
电 子 邮 箱	编辑部 pkupw@pup.cn　总编室 zpup@pup.cn
电　　　话	邮购部 010-62752015　发行部 010-62750672　编辑部 010-62750112
印 刷 者	天津联城印刷有限公司
经 销 者	新华书店
	880 毫米 × 1230 毫米　32 开本　9 印张　200 千字
	2025 年 6 月第 1 版　2025 年 6 月第 1 次印刷
定　　　价	69.00元（精装）

假如正义荡然无存，人类在这世界上生存，又有什么价值？

——约翰·罗尔斯

法律就是这样一张网，触犯法律的人，小的穿洞而过，大的破网而出，只有中等的才会落入网中。

——威廉·申斯通

目 录

第一章
法律的普遍性

任何人都可以轻而易举地举出合情合理的实例来证明：写这本书没有必要，法律是不需要介绍的。因为和微积分、符号学、突变论等高深艰涩的科学不同，法律无时无刻不存在于我们的生活里。即便是年龄尚幼的孩子，早在他们开始在商店里行窃、骑未上保险的轻便摩托车，或者在果园里偷苹果之前，就已熟知了刑法，熟知了法庭上的罪恶与悲剧、是非曲直，熟知了对凶残和贪婪令人生畏的谴责。至于违反社会行为准则的托德先生之流，一旦落入严厉残酷的法律执行者之手会有怎样的下场，孩子们也是心知肚明。他们读的故事、看的电影电视，无不向他们灌输了一系列与法律的存在紧密相连的概念——无论是虚构的海盗、劫匪、拦路强盗和罪犯，

法律无时无刻不存在于我们的身边与我们的生活里。

还是在某种程度上更接近于现实的主动给糖果并要求载你一程的陌生人，或是周末闯入学校的坏人。他们甚至能从罗宾汉的故事中领悟到，法律也可被看作一种压迫体制，而非一种好东西。

年龄大些的孩子和成人知道的，远不限于上面所说的这些。他们所了解的法律的概念，已不仅仅局限于警察和强盗，因为他们知道，刑法只是构成法律和律师界的一小部分。随着我们年龄增长，我们开始了解"政府"这一概念。现代政府尽管干预了大量与犯罪并无直接关联的日常活动，然而在很大程度上，仍是在通过法律进行运作。由于政府行为涵盖制定新法律和废止旧法律，在实行民主制国家的选举中（选举会产生新的政府），各党派会就立法程序以及政党宣言中做出的改革法律的承诺展开竞争。我们也逐渐了解到政府事务包括坚持推行法律，例如规定失业人员有权从政府领取救济金的法律，以及管理海外移民的法律。我们也明白了许多为大家所熟知的机构，如国会、英国广播公司（BBC）、中央电力局、大学、地方议会及众多商业公司，都是法律的产物，其组织结构、权利以及职责均由法律赋予。

尽管绝大多数公民在日常生活中极少接触刑法，然而几乎所有人都会与某种法律生出一些瓜葛，像交通法、税法、规定商店何时营业及买酒年龄限制的法律，或是要求公民出国旅行必须持有护照的法律。事实上，法律涉及的范围极为广泛。有管理家庭生活的法律；有保护蝙蝠不受惊扰的法律；有保障养鱼鹰人的权益以及想要穿耳洞的人的权利的法律；有规定必须给羊洗药浴的法律，无论他们的主人情愿与否；有规定村礼堂必须提供紧急避险出口的法律；也有要求食品生产商列出他们在我们吃的食物中所使用的添加剂的法律。诸如此类的例子，不胜枚举。当然，也有一些比较好笑的奇怪法律，例如在美国的堪萨斯，有一项法律规定，禁

> 法律的数目如此众多，反映出当今社会的一种信仰——人们坚信法律能够解决棘手的问题；法律是包治各种社会顽疾的仙丹妙药。

止在建筑物的一层饲养骡子，据说这是因为曾经有一个人与市长发生了争吵。要想出一项不受法律制约的活动，是颇需要费一番心思的。你可能会认为，也许睡觉可以不受法律制约？你错了，因为在开车过程中是严禁睡觉的。曾有报道讲述过这样一件凶杀案，一位名叫鲍舍斯的美国军人，宣称自己在熟睡中杀死了一名妓女。当他醒来后，他感到非常惊讶。尽管法官不停地通过点头、使眼色等各种方式提醒陪审团，如果这种说法属实，谋杀罪名就不成立了——事实上，任何熟睡中的行为都无须承担法律责任，除非是习惯性行为，这种情况可能会违反某项法律——但令法官惊愕的是，该男子想尽办法，成功地说服了陪审团。法律的数目如此众多，反映出当今社会的一种信仰——人们坚信法律能够解决棘手的问题，法律是包治各种社会顽疾的仙丹妙药。于是，我们制定出各种各样的法律，以推进种族和谐、良好的性教育、两性平等、工作安全，或消除证券交易所的内幕交易，或达到其他崇高的目的，若是我们能就如何广泛地促进社会正义达成一致，在这方面也会有相应的法律诞生。全世界关于保证人人享有人权的法律条文，可以说是举不胜

举，然而我们却也不得不承认，这些法律在其实施的领域，并未取得显著成效。历史上从未有过任何一个时期，能像今天这样使法律变得如此受人青睐。在过去的每一天，几乎无不充斥着设立新的法律，以消除这样或那样的行为，或是加快实现某种合理目标的呼吁。

因而，我们所有人都意识到了法律的普遍存在。法律，就像我们呼吸的空气一样，无处不在；它伴随我们从生到死；甚至在我们死后，它也和我们有关 —— 盗墓是一种犯罪，遗嘱必须具有法律效力。然而，正如我们对空气几乎一无所知，对于法律，我们也知之甚少。为什么我们需要法律？为什么现在会有各种名目的法律规定？所有关于酸雨和铅污染的讨论是否都要认真对待？对于塞拉菲尔德核电站附近的羊群来说，深呼吸是不是一个明智的选择？对此，只有法律可以做出回答。我们可以终身在帝国化学工业公司就任化学研究员、接待员或其他任何职位，而对公司法一无所知。

> 关于杀人的法律，在真正意义上与大多数公民全然不相关，即使是在少数可能发生的案件中，当对杀人行为的其他社会制约手段日益土崩瓦解失去效力时，法律也并不具备极大的震慑力。

我们也可以填写支票而不需要研究票据法。但如果我们可以清楚地区分法律上对于谋杀和过失杀人的定义，就可以遏制住自己想要扼住讨人嫌惹人厌的同事喉咙的冲动，而一旦我们失手杀了人，如果没有法律方面相应的专业知识，我们往往很难为这种过失找出合理的理由。在这种种现象中蕴涵着一个悖论：生活在这个由法律主导的社会中的绝大多数人，对于主宰他们一生的法律却往往知之甚少。事情怎么可能会是这样呢？

法律是否无关紧要？

一种可能的解释是，法律并不像其普遍性所揭示的那样，对社会生活和机构组织起着至关重要的作用。这种解释，乍看上去似乎很有道理，特别是对那些旨在禁止极度恶劣的反社会行为（即严重罪行）的部分法律而言。这里我们以杀人为例。有关杀人的法律规定极为详尽，涉及谋杀、过失杀人，以及堕胎等极具争议的其他杀人方式。相比起种类繁多的杀人方式，对杀人的指控可以做出的辩护也是多种多样。例如，"挑衅"和精神障碍引起的"减轻责任能力"，均可将一项谋杀指控降低为过失杀人。而做出自卫的辩护，则可以将一项指控完全撤销，因此，确立其适用范围是极为重要的（法律上对此有明确规定）。比如有些国家的法律规定在街道上应尽量避免纠纷，而在家庭这样的私人空间，则不需要做出让步。因此，在得克萨斯州，由于清楚陪审员很看重这条法律规定，谨慎的杀人犯往往会在杀死被害人后，将其尸体拖到起居室中，以便为日后辩护打下基础。但是有一些辩护的合理性是值得商榷的，例如，除非杀害一名无辜的受害者，否则凶手自己的生命将受到第三者的威胁，这是否可以作为对一项谋杀指控的辩护呢？法官们对于这种"胁迫"辩护的适用范围各持己见。一些法官将其视为恐怖主义分子的惯用借口，在审讯谋杀案件的过程中完全不采纳此种辩护。另一些法官则认为：尽管是以他人的生命为代价，被告方所做的只是保全自己的性命，将其称为杀人犯未免太过严苛。目前官方的法律观点并不支持这种辩护，但这样的观点今后也可能会有所改变。除了定罪和辩护两方面，法律还规定了对杀人这一罪行的审讯、宣判及服刑安排。关于此类主题可以写上许多本书，实际上也早已有大量相关的书籍出版。

但常识告诉我们，绝大多数人都不会出于与法律毫不相关的原因去杀害他们熟悉的人。他们也从不会因为夺去了一个人的生命而有负罪感、感到心神不安，或是认为自己在道德上犯了错，甚或是相信自己死后会下地狱。因此，关于杀人的法律，在真正意义上与大多数公民全然不相关，即使是在少数可能发生的案件中，当对杀人行为的其他社会制约手段日益土崩瓦解失去效力时，法律也并不具备极大的震慑力；尽管我们无从知晓每年有多少潜在的杀人犯由于法律的作用而安分守己。

> 法律仅仅是一种社会约束机制；人们的行为受到习惯、传统、先天遗传或后天养成的自我约束、理想和价值观、道德和宗教信仰、对社会否定的恐惧、对被认可被爱的渴望等多种因素的制约。

显然，法律仅仅是一种社会约束机制；人们的行为受到习惯、传统、先天遗传或后天养成的自我约束、理想和价值观、道德和宗教信仰、对社会否定的恐惧、对被认可被爱的渴望等多种因素的制约。刑法这只强有力的手，似乎只在社会生活的边缘

（而非中心）起作用。但这并不意味着有关杀人的法律就因此而显得完全不重要。因为，遗憾的是，有些人依然会去杀人，而有些像外号为"约克郡屠夫"的杀人犯，则会对人们的日常社会生活产生严重的影响，引起公众的普遍恐慌。在整个社会中，形成一些优于私自施加凌迟、绞刑等酷刑的固定方式来惩治这类罪犯十分重要，而通过法律手段尽可能地降低谋杀的犯罪率，也极为重要。即使是小幅下降，也是值得欣慰的，尤其是在你也被列在这张名单上，而下一个目标就是你的情况下。社会生活的边缘确实微不足道，但是刑法在这里所起的作用依然很重要。

　　能够解释为什么法律相当重要（即使大多数人对法律所知甚少）的第二个也可能是更好的原因，可以用通过法律改变正常的人类行为，或者是建立受法律调控的人工机构这两个例子来加以说明。不久前，政府颁布了一项法律，要求车内的前排乘客必须系安全带，对于许多经常乘坐汽车的人来说，这是法律给人们的驾驶带来的一种新的行为方式。在这项新法律颁布实施不久后（真正说来其实是在其颁布以前的许多情况下），汽车驾驶员和乘客就养成了系安全带的习惯。在这种情况下，与其说他们现在遵守的是法律，还不如说他们遵守的是习惯。法律可以培养习惯，而人们则往往会遵从于习惯却并不知晓其背后的法律依据。在一个尊重法律、以法律为指引的社会，新的

法律可以培养习惯，而人们则往往会遵从于习惯却并不知晓其背后的法律根据。法律专家的存在，可以解释为什么法律普遍存在于人类社会中但大多数人对法律却都一无所知。

法律法规一经颁布实施，符合法律规章制度的行为习惯就会迅速建立，即使大多数人对其习惯的法律依据几乎一无所知。同样道理，解释不出为什么启动发动机需要阻风门或者排挡是做什么用的，并不妨碍人们熟练地驾驶汽车。大学可以作为一个很好的例子来说明法律是如何在组织机构中间接地发挥作用的。像商业公司一样，法律也在特许状、条例和规定等管理文件中详细地规定了大学的结构。所有这些法律文件加起来足有一本书那么厚，而在笔者念书的年代，牛津大学的大部分管理文件都是用拉丁文书写的，以免有些人会真的傻到试图去阅读那些文件的地步。不过大部分学生和大学教师，都既不了解也不关心这些令人费解的条文。他们所需知道的只是什么样的做法是符合规定的——怎样申请入学，在哪里缴费，如何选课，考试的时间和地点，等等。一旦遇到困难，他们可以咨询那些要么对法律条文本身很熟悉，要么知道在哪里能查阅到这类文件的专家。这些专家的存在，可以在很大程度上解释下面这个看似奇怪的现象：法律普遍地存在于人类社会中，但大多数人对法律却都一无所知。

专业化与专业人士

现代社会是一个高度专业化的社会，法律如此，在卫生工程等其他重要领域亦是如此。若是没有常常被我们认为是理所应当的发达的污水处理系统，现代的都市生活将会像过去一样毁于疾病和污秽。在污水处理系统出现之前的可怕岁月里，据说利菲河的臭味曾是都柏林的一大"风景"，而维多利亚女王时期的泰晤士河则更是有过之而无不及，其污水使1858年成为"奇臭年"而被载入史册。

> 现代社会是一个高度专业化的社会，法律如此，在卫生工程等其他重要领域亦是如此。

现在这一切都已成为过去，鱼儿也重又出现在伦敦池中。但是，我们大部分人对于这一切改变并无任何贡献，建立污水处理和污染防治系统的所有工作，都是由工程师来完成的，我们只会在出现问题的时候想起打电话给管道工。大多数市民参与污水处理的部分，仅限于使用、冲水和偶尔用一下马桶刷。我们根本不会费心思去考虑污水究竟流到了哪里、它是如何流到那里的等问题。法律就和家里的厕所是一个道理。在成立公司的过程中，最好咨询一下法律顾问，或是读一读他们的著作，以确保制定的公司制度是正确的；一旦公司开始正常运转，便很少有机会需要向法律顾问求助，除非是出现了问题或者发生了纠纷。保障法律在现代社会发挥作用，是专业人士（尤其是律师）的工作。毋庸置疑，离开了律师，法律也将不复存在，更谈不上起任何作用了，工程学、医学、计算机科学或到西班牙布拉瓦海滩的包办旅游的情况也都与此相似。

但在早期较为原始的社会，情况却并非如此。除了超自然世界，其他方面的知识，并不只为特定阶级的人群所拥有，尽管与年轻人相比而言，年长的男性往往被视为掌握了更丰富的知识，但这仅仅是因为他们的年龄更长、生活阅历更为丰富。然而在现今社会，一旦离开律师，整个复杂的法律体系就将不复存在，这就好比，没有法国厨师和伊丽莎白·大卫，也就没有法国传统的高级烹饪艺术。当然，这并不意味着法律是机密的，是只有律师才具备的专业知识。实际上，其他行业的人也可能会掌握法律知识，像税务顾问、政府公务员、警察、社会工作者、医生，甚至是那些职业惯犯。在美国，有些监狱甚至设有极好的法律图书馆，以便于犯人了解宪法赋予自己的权利。而一些犯有重罪的犯人，因为除了诉讼之外几乎没有其他事情可做，也因此而成为刑法、宪法和法律程序方面的专家。与烹饪一样，专业知识也会逐渐散播开来。许多家庭都有专业人士所著的烹饪书籍以供参考，并可以做出美味佳肴，这表明精湛的厨艺甚至已经奇迹般地渗透到了普通的英国家庭中。但高超的厨艺并非源自普通家庭，而是专业厨师的成果。和厨师一样，律师将其全部工作时间都用于获取专业知识并将其推销给公众，而法官则将其专业知识推销给国家。在另一点上律师和厨师也有相似之处，如果知识是商品的话，那么他们并非只是重复生产已有的商品，而是同时在某种程度上也在创造新的产品。由此，律师不仅使法律变得更为复杂，而且按理想的目标说来，至少也是变得更加完美。

> 和厨师一样，律师将其全部工作时间都用于获取专业知识并将其推销给公众，而法官则将其专业知识推销给国家。

法律及其功能

通过在大学或理工学院上正规的法律教育课程来学习法律，是获得职业律师所需专业知识一个最简便的途径，并且律师若要获得从业资格，也必须接受过正规的法律教育。不过在打算报名参加这样的课程之前，最好还是先花点时间，至少是笼统地想一想：法律都有或者是看上去都有哪些功能。尽管法律普遍存在于我们的生活中，但却并不是所有人都会思考这个问题；就学校教育而言，法律仍是一门相当被忽视的学科。

像其他社会制度一样，公众也并不十分了解法律的作用，我们之所以不是很清楚法律对日常生活有什么样的影响，是因为研究这类问题的社会科学并非高度发达。如果我们所谓的法律的功能是指其现实作用，则不可能会有一个简单的答案。但是如果我们所谓的功能是指法律预期可以达到的目的，许多人都会一致给出将在下文列出的五种主要功能。但首先我们必须承认，人们对于法律存在的目的可谓是仁者见仁智者见智，不同的人会强调不同的方面。其次，法律的总体功能只能给出笼统的概述，而不像在涉及具体的法律时可以详细地阐明其功能，并且一点不会引起任何争议。

笔者认为，法律的主要功能是：解决争端，为减少纠纷和推动社会目标的实现规范人类的行为，配置权力，分配财产，以及调

> 法律的主要功能是：解决争端，为减少纠纷和推动社会目标的实现规范人类的行为，配置权力，分配财产，以及调和稳定与变革。

和稳定与变革。下面我们就来详细阐述这五种功能。

解决争端

正像"法律与秩序"这样的宣传标语所反映的，我们常常将法律与秩序联系在一起。个人或集体间的争端和冲突，会对秩序构成威胁，特别是当其发展成暴力冲突时。如果参赛者推搡得太过厉害，甚或是像盛传中的在约克郡有时人们会用猎枪在夜间向竞争对手的西葫芦射击，即使是一场西葫芦竞赛也将无法进行下去。通过法律制度中最为典型的法庭的介入，法律为解决争端提供了一套规范机制。

我们可以梦想一个没有冲突也不需要有解决冲突的方法的人类社会。政治右派倾向于美化历史上的理想国，例如在维多利亚时期价值观的美好时光中，政治左派则会理智地看待像香格里拉这样的美好理想——当资本主义瓦解时，人们重新树立起团体感，根据自己能力的大小为社会做出贡献并相应地获得回报。前者将他们的失乐园与对法律和权威的尊重联系在一起，认为这是社会幸福的关键；后者则倾向于将法律视为可有可无的，并认为如果消除了引起冲突的原因，法律也就没有存在的必要了。受到所有关于没有冲突的人类社会的美好理想的吸引，一些作家甚至宣称他们已经发现了现实存在这样的社会，就像已故的玛格丽特·米德在其著名的《萨

> 我们可以梦想一个没有冲突也不需要有解决冲突方法的人类社会，但我们却很难找到没有冲突的人类社会的真实例证。

摩亚人的成年》一书中声称的那样。这本书当笔者还是学生的时候就被列入必读书目，书中所讲的也被当作事实为人们广泛接受。但是现在我们都已知道，米德小姐是被给她提供信息的萨摩亚报道者给欺骗了，这也是人类学家常常要面临的一种职业风险。有句西非谚语是这样说的："不必跟白人讲太多，他就会相信你。"实际上，在萨摩亚长大，和像在英国一样艰辛，而绝非米德小姐所描述的那样轻松。事实上，我们很难找到没有冲突的人类社会的真实例证。有一种笔者也无法确保其真实性的说法是：英国的属地之一，特里斯坦-达库尼亚群岛的岛上社会就没有冲突。据说岛上居民通过服用阿司匹林来抑制所有的社会紧张形势，实现和平共处，从而具有世界上最高的人均阿司匹林服用量。天知道这会对他们的胃黏膜产生什么影响，但或许可以使他们的生活远离法庭和律师。

如果这个关于特里斯坦岛的故事是真的，它有一个寓意就是：法庭仅仅是实现和谐的一种方式。其实，多种多样解决争端的

> 法庭仅仅是实现和谐的一种方式。

方式，都已被记载下来。一些因纽特人，一旦因嫉妒或不忠而导致相互之间关系紧张，就会对唱关于对方的言语粗俗甚至淫秽的歌曲，直到所有人感觉心里好受些就可以回家了，或者继续去猎海豹。无论采取什么样的解决途径，一旦某种争端不再具有破坏性的影响，就可以认为这种争端已得到解决。事实上，今天还大量存在着类似因纽特人的做法，即将一场潜在的冲突，转化为危害性较小的传统上可以接受的形式。只要想一下家庭口角中形式化的谩骂，或是收

听转播下议院辩论的广播，或是首相答问时间，我们就不难有此发现。尽管所有这些争论听起来就像置身动物园般热闹，但却也是可贵的，因为我们心里都很清楚，争论过后议员们又会聚在一起吃吃喝喝和好如初。

较为复杂的解决争端的机制，包括经由双方同意的公断人、调解人或仲裁员的介入。用上文因纽特人的例子来说，公断人（umpire）仅仅是调节粗俗歌曲的对唱过程，比方说确保每一方都有机会唱出自己想唱的那部分。调解人（mediator）会积极地进行干涉，以寻求一个折中方案，或者一致认可的解决方式。仲裁员（adjudicator）则是在各方同意的前提下裁决纠纷的人，所做仲裁接近于法庭判决。但是，法庭判决作为其中的一个环节，在以下四个方面不同于这几种机制。

第一，即使没有得到各方的一致许可，法庭也有权干涉并决定该做什么。因此，法庭只能存在于承认权力有等级之分的社会中，而无法存在于完全平等的社会中，因为在这样的社会，任何人对于家庭以外的其他任何人都不具有控制权。第二，法庭决定对错和需要采取的措施，而不仅仅是提供建议、进行劝告或者说服。只要公众自愿认可法律的权威性，就没有任何问题，但是如果有人不愿屈从于法律的权威，整个司法体系就会受到威胁。因此，法庭仅存在于具有强烈服从意志的社会中，在现代社会中，这也就意味着其权威性以武力为支撑。一方面，人们必须普遍接受当纠纷无法用其他方式解决时，诉诸法庭是正确的解决途径；另一方面，藐视法律权

威的人，则会被强迫就范。第三，法庭被看作置身纠纷之外，根据
判决之前就已存在且在判决之后也将继续存在的标准，客观公正地
对纠纷做出裁决。法庭宣布原告有理，并不是因为法官碰巧是原告
的朋友，或者法官从其自身角度出发认为这是最佳解决方案，而是
因为无论到什么时候原告都确实有理。这种客观性，可以确保人们
服从法庭的判决。因为正确，所以服从。早期的法庭，通过将决定
权交给无所不知的上帝来解决客观性的问题 —— 上帝被认为掌握了
所有的事实，自然也就知晓犯罪嫌疑人是真的有罪还是清白的 ——
法庭通过让被告经受磨难一类的方式来揭示真相。被告也许要在牧
师的祷念下手捧一块炽热的物体走上几步，如果他手上的伤口可以
痊愈，就表示上帝宣告他无罪。民事案件除了采用相同的方法外，
还有流于形式的争论，在这种争论中，上帝会介入争论，使正义的
一方获胜。到了较为现代的时期，人们认为必须理性地对案件做出
裁决，并且必须有强有力的理由来支撑判决的结果，这些理由将可
以适用于此后所有类似的案件，由此体现出
法庭的客观性。第四，法庭是由专业人士操
控的，尽管在某些方面可能会与非专业人士
（如陪审团）联系在一起。

　　如果法庭想要成为便于人们辨识的机
构，不同于生日宴会或辩论俱乐部，就必须
遵循固定的程序；正是这些程序，将法庭与
一群施用私刑的暴民区别开来。也正是因为

> 如果法庭想要成为
> 便于人们辨识的机
> 构，就必须遵循固
> 定的程序，因为法
> 律程序在本质上与
> 其他对纠纷做出的
> 反应不同，法律才
> 被视为社会生活中
> 一个特殊而独立的
> 部分。

法律程序在本质上与其他对纠纷做出的反应不同，法律才被视为社会生活中一个特殊而独立的部分。如今，在法律实践中，这些极为复杂的法律程序仍然至关重要；而在早先时期，这也是专业人士执行的法律的全部。因为早期法庭吸纳了社会中存在的一切行为准则、对错标准和权利划分，所以当矛盾出现时，法庭只需找出对应的行为规范，通过建立和遵从固有的程序，就可干净利落地解决纠纷。

处于这样发展阶段的法律，仅仅是补救性的。它并没有确立社会行为规范，而仅仅是在由于忽视了行为准则而出现问题时，提供补救的方法。法律这方面的特点一直延续至今，现在我们仍可将法律中的很大一部分法规视为补救性的。这里我们仍以杀人为例。我们早就知道不应该杀人，但你要是以为是法律使人们认清了这一点，那你可就大错特错了。法律并没有教导人们不要杀人，相反，它详细地规定了如果有人犯了谋杀罪会受到怎样的处置。同样，法律也并未教导人们开车要靠左走，这条法规是英国的传统所致。然而法律却长篇累牍地规定了，如果在右侧行驶并发生交通事故，将会面临怎样的责罚。我们可以说，法律这种只关注程序的补救性特征，仅仅能够强化独立存在于法律之外，基于习俗、传统、道德和宗教信仰而形成的行为规范。

> 法律这种只关注程序的补救性特征，仅仅能够强化独立存在于法律之外，基于习俗、传统、道德和宗教信仰而形成的行为规范。

为了达到这样的目的，法律做出了一系列对过失和违法行为的合理回应。例如，犯谋杀罪的嫌疑人将被逮捕，押解到治安法庭，然后移交刑事法庭接受审讯，审讯由陪审团根据刑事证据规则实施，如果嫌疑人被判终身监禁，则给予其上诉的权利，等等。

与仅仅是强化现存的行为准则相比，提炼和完善这些准则，则是向前迈出了一小步。不再是像先前那样由法庭简单地宣布对杀人犯的处罚结果，与杀人犯打交道的专业人士，也开始就何种行为算作谋杀形成自己的观点。他们开始消除习俗中或者传统的或者道德的概念和准则里模糊的措辞，并逐渐形成自己对谋杀的定义。在习惯法体系中，这始于陪审团审判开始取代上帝无可指摘的审判，而陪审团显然是会犯错误的。在这种情况下，专业人士很是担心整个司法审判会交给外行人来全权处理，像决定被告究竟做了什么、能否算作谋杀等事宜。因此，他们开始接管司法审判工作，至少是部分地参与进去。于是，何种行为算作谋杀，也就变成一个由专业人士解决的问题，我们称其为法律问题。

这一变化使法律具有了一个新的特点，即开始关注社会秩序的本质，而不仅仅是纠纷的解决过程。表面上看，律师只是将偷盗、抢劫等存在于公众普遍意识中的概念更加精确化，但事实上，他们明确了正确行为和错误行为的标准，因为就法庭审理过程而言，真正重要的是律师口中讲出的什么是偷盗或抢劫。由此也就产生了在准确程度和范围上不同于非专业概念的所谓的法律概念。

"谋杀"就是这样一个典型的法律概

就法庭审理过程而言，真正重要的是律师口中讲出的什么是偷盗或抢劫。由此也就产生了在准确程度和范围上不同于非专业概念的所谓的法律概念。

念。人们平日脑子里的"谋杀"概念是比较模糊的，主要认为故意的有预谋的杀人就是谋杀。但像这样的谋杀者，只有在侦探故事里才会出现，或是在我们的想象中在夜深人静时分或者伸手不见五指的夜里突然从树林中冒出来。法律上对"谋杀"的定义是相当宽泛的。当有人实施谋杀时，在一旁冷眼旁观也被视为谋杀。本无意杀人结果却严重伤害了他人，同样算是谋杀。法律在"有预谋"这一点上，也没有做任何规定。许多在法律上算作谋杀的杀人案件，都是家庭环境中突发的争吵和愤怒引起的，完全不存在任何事前的预谋。有些这类杀人案件的发生，的确是非常偶然的。尽管关于这个问题目前还存在很大争议，但是旧有的法律甚至将在更为偶然的情况下（例如当被告连伤害他人的打算都没有）发生的杀人案件也都算作谋杀。法律曾一度规定，如果在抢劫、强奸和非法堕胎过程中发生意外死亡，则自动被列为谋杀。就在不久以前，法律对于那些冒险从事非法活动的人仍然非常严苛，即使这些人根本没有打算伤害任何人，他们也可能会被指控为谋杀。所以，律师眼中的"谋杀"和外行眼中的"谋杀"，尽管也有重叠的地方，但却是完全不同的两个概念。

法律概念以及律师头脑中明晰的是非对错和谁有权做什么的观念的产生过程，将法律标准与其他标准区别开来，我们可以把所有其他标准合起来统称为流行的道德标准。是非对错及谁有权做什么的问题涉及社会秩序，具有这方面性质的法律被称为实体法（与程序法相对）。当法庭里的专家和律师想要为自己的决定进行辩护时，他们会参照大量由他们自己发展衍生出来并被看作与流行的道德标准截然不同的观点。这就是律师口中所指的法律。这些观点的重要性，主要不取决于是否被社会普遍接受，而是取决于是否被专家接受。

我们经常把法律看作一系列规定，就像校规一样，告诉所有公民应该有怎样的举止行为，如果我们不这么做，会有怎样的后果。但是律师并不这么看。对他们来说，法律的功能在于告诉他们在确定人们的权利、义务和责任时应该怎么做。在律师眼中，构成法律的大量通则、更为详细的具体规定以及例外情况、专业术语的定义和彼此间的区别、法律实践和法律概念，都是为了给他们提供分析问题、理智地为法庭将要执行的决定做出辩护的途径。法律是为律师而存在的。

我们经常把法律看作一系列规定，就像校规一样，告诉所有公民应该有怎样的举止行为，如果我们不这么做会有怎样的后果。
法律的功能在于告诉他们在确定人们的权利、义务和责任时应该怎么做。法律是为律师而存在的。

法庭，像其他社会机构一样，极大地受到传统、受到过去做了些什么、受到一直以来问题都是如何解决的这类因素的影响。所以宣称法律客观性的一种屡试不爽的方法，就是指明决定是根据过去的惯例做出的。另外一种选择，则是简单地说明当前的决定本身是合理的。在这样一个结合了传统程序（我们如何做事情）和传统的或者说本质合理的裁决惯例（应该如何分析并正确解决纠纷）的法律世界中，纠纷和争论都可以被转换为法律问题，从而通过这种转化得到权威的裁决。

法律的直接行为管理

一旦律师进入了修改现存的对错及权利观念的游戏，他们不久就会向前迈出或许很小但却至关重要的一步，即运用法庭的强制力和他们被视为客观决策者在社会上享有的尊重，开始改变社会上现存的行为准则或权利制度 —— 或者是改变旧的法规，或者是引入新的法规。后者的一个例子，就是所得税这项新法规的引入。在这一过程中产生了立法（即主动制定法律）和立法机关（即授权制定法律的机构），其制定出的法律之所以具有效力，并非取决于它有成为法律的正当理由，而是因为制定法律的机构自身具有的权威性，这也常被称为立法机关的意志。法律不再是仅仅存在着的条文，而是成为可以被制定的规则。所有的立法机关都出自法庭，即使是今天作为我们主要立法机关的英国议会，也被称为议会高等法院。这个延续下来的名字，反映出其原本作为司法机构的性质。法庭一方面要指出法律作为客观存在的事物究竟是什么，另一方面又要对什么是制定法律做出权威的决定，两者之间模糊不清的界限，客观上促进了立法的发展。随之也就产生了法庭和立法机关之间的权限划分：法庭继续对法

法庭一方面要指出法律作为客观存在的事物究竟是什么，另一方面又要对什么是制定法律做出权威的决定，两者之间模糊不清的界限，客观上促进了立法的发展。

律客观上是什么做出说明，立法机关则不对此予以说明。

多数人类社会在多数历史阶段都极少有明确的公开宣布的立法。即使有，立法也仅仅被视作改正法律运行中出现的缺点，而非改变法律。但是今天，司法机构在极大范围内都是通过自主制定新的法律来管理社会的，而法律的实施，则由相关人员最终通过法庭来实现。因此，法庭开始变成为立法机关服务，而曾被视为解决社会（其主要结构是给定的并且是事物自然顺序的一部分）内部矛盾手段的法律，现在则开始被看作一种改变和完善世界的机制。

当然，除了法律以外，现代政府也会使用其他办法，包括规劝、发布新闻操纵舆论、泄露消息、广告，以及偶尔出现的贿赂和恐吓，但其主要的公开承认的机制仍是法律。因此，政府行政范围的扩大，就和立法的迅速发展紧密地联系在一起。随之也产生了一种新的观念，这种观念将法律看作变化、改革、完善、创造一个不同的社会的工具。当前通过法律手段努力实现的目标，包括减少失业，改善健康状况，保护动物权益，鼓励科学研究，减少淫秽思想（律师称之为色情思想）的出现频率，保护鱼种种群，以及经济调控。与起步时相比，法律已经取得了巨大的进步，发展为维持和平的一种手段。

法律和权力分配

就像我们所看到的，法庭的存在，使得在社会中形成不平等的权力分配成为一种必不可少的东西。法庭的权威性，也正体现在它高出诉讼当事人一等的优势上。如果你走进一个法庭，会看到由假发长袍、特殊的建筑结构、皇家卫队，以及大量诸如鞠躬、拍马屁、起立、坐下等显示恭敬的举止所代表和表现出的不平等。也许正是所有这些象征所谓的法律最高权威的事物，使得人们服从于司法体制。

早期社会（习惯法即起源于这一时期）通过法庭来体现司法公正，同时也发动战争和向公众征税——不同的政府部门的划分再次涉及权力等级制度，例如将军是领导军队的，收税员则为政府带来收入。现在，随着政府职能范围的扩大，众多的官员掌握了我们其他人所没有的权力。想一想男女警官、警察局局长、建筑检查员、内阁成员和海关官员吧。官员之所以成为官员，正是因为法律赋予了他们特殊的权力。法律法规均程度不同地准确说明了这些官员是谁、有什么样的权力。通过这种方式，法律规定了权力结构，而政府也正是以此为基础进行运作的。

官员之所以成为官员，正是因为法律赋予了他们特殊的权力。法律法规均程度不同地准确说明了这些官员是谁、有什么样的权力。通过这种方式，法律规定了权力结构，而政府也正是以此为基础进行运作的。

和现代社会中的其他领域一样，政府也有功能的细化。政府工作人员并非多面手，而是分为大使、卫生官员、验尸官，等等，各自有各自的角色、权力和职责。这也使得这种体制的另一个特点成为可能，即权力的不平等只适用于官员生活的一部分，即其涉及工作的那部分。当驻巴黎的英国大使发给我补领的护照时，他的权力地位高于我，但是如果我们在康沃尔郡度假时相遇，他想照我的鼻子上给我一拳，那么他会发现不能这么做，因为在这种情况下我们是平等的。这就是"法律面前人人平等"这句很容易使人误解的话的意思。事实上，法律面前并不是人人平等的，如果真是平等的话，我们将会生活在一种无政府主义状态中，而非受到法律的管制。我们应当这样来理解这句话：首先，权力的不平等应该被看作偏离自然平等状态的例外情况；其次，没有任何一个等级的人可以在其生活的各个方面，甚至是在其被赋予特权的大多数方面，完全凌驾于法律之上。即便如此，也还是有特例存在。例如女王就位居法律之上，这也是她不用交税的原因。驻外外交官享有外交豁免权，亦是如此。这也引发了许多问题，其中一个问题就是，来自某些国家的外交官，完全不注意车辆停放规则。但是法律赋予的豁免权，并不意味着可以为他们免除丹佛轮锁的惩罚，交通管理员会很乐意给他们的车轮锁上一个，好让他们明白法律和现实完全是两码事。

并不是所有由法律赋予的权力都涉及政府行为。父母有权管理

> 事实上，法律面前并不是人人平等的，如果真是平等的话，我们将会生活在一种无政府主义状态中，而非受到法律的管制。

自己的子女，业主有权处置自己的财产，通过签订被律师称为合同的协议，公民可以建立自己小小的共和国——例如出于娱乐目的的高尔夫协会、像核裁军运动等政治施压集团、关注儿童福利的慈善机构如全国反对虐待儿童协会，以及一些比较可笑的组织，如纵容协会等——每个组织都有自己的权力结构，有自己的会长、主席、会计和委员会。法律会维护和强化这些权力关系。因此，父母的权力通过惩罚绑架者得到保护；财产所有者的权力通过使非法侵占他人财产的人受到惩处得以维护；如果一个俱乐部的会计携款潜逃，则会被逮捕囚禁，从而使俱乐部的组织结构不受破坏。法律也对自身的干涉程度设定了界限：悬挂滑行是一回事，合伙谋杀就是另一回事。权力关系也体现在雇佣合同中，在现代社会，一直都有很多立法在尝试改变纯粹市场力量作用下存在的权力关系。

财富分配和权利

与权力分配紧密相连的是财富分配，也即分配人们想要的和看重的东西，比如房子、车子、宠物狗、工作、录像的版权，以及可以享受阳光的假期，等等。这一领域的主要法律体系是财产法。财产法的法规，可以用来决定什么是我的东西，什么是你的东西，什么样的东西可以是我的或者你的（现在任何人都无权拥有奴隶，尽管曾经是可以的），或者指明东西怎样成为我的或你的（如果你在高速公路上撞死一只野鸡，你能把它捡回去煮了吃吗？），或者规定曾经属于我的东西怎样变成属于你的（例如通过遗嘱赠与你）。法律并非仅仅简单地去分配有形的财产，比如毕加索的画，即使没有法律，这些财产也会存在并被现实地占有、保护和使用。同时，法律也使一些脱离法律的保护就无法存在的财产成为可能。这在一些被称为无形财产的例子中表现得非常明显，比如一部电影的版权。版权正是因为受到法律保护才具有价值，才能被买卖。如果没有法律保护，很难料想某人如何去捍卫自己的版权。一个身体强壮又足够警觉的人，可以严密地控制某种有形财产而不让他人染指，但是我们很难想象一个人怎样运用身体的力量去保护自己的版权——他需要迅速出现在世界上任何一个地方。在现代社会，很多财富都隐含在无形财产中，比如让人变得富有的明星秀——他们正是通过卖出版权，才得以购买劳斯莱斯。

财产法的规定极其复杂，但同时，这种复杂性又是必要的，因为生活本身就是纷繁复杂的。下面这个我曾被咨询过的问题，可以很好地说明这一点。

> 财产法的规定极其复杂，但同时，这种复杂性又是必要的，因为生活本身就是纷繁复杂的。

一个射击俱乐部，通过合同获得了在一片农田里猎杀野鸡的权利，这片农田毗邻着一位强烈反对涉及杀生的户外运动的学校老师的家。一位狩猎者朝一只正在农田上空飞行的野鸡开枪，但就在开枪的一瞬间，野鸡却突然改变方向，朝学校老师的家里飞去。这只倒霉的野鸡被子弹击中，落到了学校老师家的花园里，但是没人知道野鸡确切的死亡时间：它可能在飞行的过程中就已经死了，也可能是在撞到地面的那一刻死的，甚至可能是在落到地上一段时间之后死去的。狩猎者要求拿回"他的野鸡"，他辩称这只野鸡由于自身的任性落到了花园里，但却是在农田里被射死的。学校老师拒绝了他的请求，指出这只野鸡要么归自己所有，要么属于大自然，同时直截了当地表达了自己对于涉及杀生的户外运动的看法。狩猎者对学校老师的拒绝不予理会，一把将其推开，进入花园拿走了野鸡，并不无嘲讽地说他会赔偿一切由他引起的损失。学校老师指控他私闯民宅，并向警察举报其偷盗、偷猎和人身侵害。双方情绪都很激动。对于这样的问题，法律必须给出一个裁决，并且还不能与此前做出的其他裁决相抵触——做这样的裁决是很棘手和复杂的。

不过，尽管法律和出现的问题都极具复杂性，但是因为人们已经熟知并建立了良好的与财产所有权相关的行为习惯，并普遍地尊重财产的分配，真正需要咨询专家的情况极少发生。律师只有在涉及土地所有权的转让、订立遗嘱，以及有关公司间重要交易时才会发挥显著作用。至于法庭，财产纠纷也极少会诉诸此。大多数纠纷都是通过协商解决，诉讼只是最后一种选择。

> 大多数纠纷都是通过协商解决，诉讼只是最后一种选择。

财产法并不是唯一一种关于财富分配的法律。当双方同意像做买卖一样交换财产时，这样的交易由合同法来管理。事实上，许多财富都存在于合同中。整个信用制度——要记住，正是信用在为我们所购买的东西（从冰箱到房子）付账——依赖于契约规定的义务。毫无疑问，在一个全部由圣人组成的世界里，他们的话就是他们的契约，就算没有法律我们也可以有信用，但是在这个有善也有恶的现实世界中，我们对于法律制度的信心，正是基于法律对于不正当行为所能采取的强制措施。

财产权和合同权是显而易见的财富形式，委托权亦是如此。所以，关于这些权利的法律，在进行财富分配时会直接涉及，而权利分配也会间接地涉及这部分法律，因为财产所有权会相应地带来权利。法律的这个方面并不十分明显，即每当我们的自由受到限制，使我们无法随心所欲时，从某种意义上讲，法律正在决定财产的分配。例如，如果法律禁止我贩卖海洛因，也就使我无法对人提供我作为毒品贩子的服务，而我实际上正有可能很擅长这种工作，但我现在却不得不继续过着报酬有限的大学老师的生活。再比如，如果你住在一幢被政府列为一级历史保护建筑的老房子里，法律上严格限制你对房子进行改建或修整，如果你想在老房子上新盖一层，也可能不会被批准。通过这种方式，法律剥夺了你珍视的东西，而给予了公众或者你的左邻右舍他们可能珍视的东西，比如看到美丽建筑时的喜悦心情，或者法律为子孙后代保留了可以居住在这样房子里的机会，他们并没有为此付出任何代价。当然，法律也可能会使财产实际增值，而无论是增值还是贬值，法律都具有经济效益。再譬如说，如果通过

> 真正的冲突还是个体间的冲突，因为没有一种动物叫作"公众"。

了一项法律允许飞机低空飞过我的住宅，同时则废除了我先前可以以扰民起诉航空公司的权利，那么我的房产价值就会下跌，而航空公司的收益则会增加，因为它的运营成本降低了。因此，这里就出现了财富的转移和原有权利的改变。这种改变是否公平，或者是否是你所希望的，取决于你如何看待转移前后的财富分配，以及改变的理由是否具有说服力。当个人利益与公众利益发生冲突时，这类问题经常会被谈起，但是真正的冲突还是个体间的冲突，因为没有一种动物叫作"公众"。

稳定与变革之间的调和

法律一个最自相矛盾的特点就在于：一方面，它是维持现状的手段；另一方面，它又作为一个使现有社会安排发生变化的手段在发挥作用。

> 法律一个最自相矛盾的特点就在于：一方面，它是维持现状的手段；另一方面，它又作为一个使现有社会安排发生变化的手段在发挥作用。

和我们生活其中的这个世界里的众多事物一样，例如我们的公路、家、宗教信仰和语言，法律从本质上来说也是一种从过去流传下来的传统。法律的一些特点源自十分遥远的过去。比方说，在英国的法律中，用来谈论土地所有权的术语来源于中世纪，大多数这些术语一个15世纪的律师也完全看得懂。因此，当律师要显得自己具有专业水准的时候，他就会不用土地所有者（landowners），而是用自主持有地产者（tenants in fee simple absolute in possession）、限嗣继承地产权（fees tail），甚至更为艰涩难懂的或然恢复权（possibilities of reverte）等术语。关于这些术语，甚至还有人写过一首诗：

> 不限嗣继承不动产和转让的不动产，
>
> 以及所有的限嗣继承不动产，
>
> 与你相比都一文不值，
>
> 你是最好的不动产，女人。

而合同法目前的许多结构和语言，甚至比上面所说的还要古老，其历史可以蜿蜒曲折地追溯到罗马帝国时期的法学家写下的文稿；当然也有其他一些法律，像福利法，只有很短的发展历史。法律的传统特性，并非要求其一定要使用极不方便的古言古语，英语在其发展过程中已经遗留下众多古老的用法，但是在法律中确实有一些旧的条文依然留存至今，尽管其存在的历史背景早已成为过去。这样一来，法学家就不再是掌握传统的主人，而是成为受害者。一个伟大的法官需要具备的技能之一，就是能够从旧瓶中倒出新酒来，同时又能不让外人太清楚发生了什么。

尽管今天有很多人都在谈论政府改变了

一个伟大的法官需要具备的技能之一，就是能够从旧瓶中倒出新酒来，同时又能不让外人太清楚发生了什么。

法律，但这并没有影响法律的传统特性。因为大部分法律仍在一届一届的政府任期中继续发挥作用，丝毫没有改变——既不到改变的时候，也没有改变的需要。而且总有这个或那个集团是现行法律的获益者，并力求保持他们的优势地位。此时，法律就是一种有利于过去的统治而非现今统治的机制。比如我之所以现在拥有我的房子，是因为我在过去靠抵押贷款买下了它，而且相关的法律制度没有改变。如果法律制度发生了改变，就会给我带来极大的不便。法律的这种持久稳定的影响，在某种程度上对每个人都有好处；试想一下，如果交通规则一天一变会出现什么情况。但是，这种稳定性也有其负面影响。例如，在一个财富分配不均的社会（这在所有的现代社会都是事实），无论政府采取什么样的体制，在某种意义上，法律对于财产权的保护，相对于无产者来说，显然更偏向于有产者。但实际上，即使无产者也有自己的财产，并且也受到法律保护，而且一个人占有的财产越少，保护这部分财产就显得越重要。目前存在的许多理论都宣称，从长远来看，稳定的财产权对每个人都有好处——譬如说，允许人们将赚取的钱财留为己有，可以刺激人们努力工作，创造出更多的财富，而最终获益的将是整个社会。当然，并不是人人都认为这些理论很有说服力；其中存在的一个问题就是，对财产权的保护，总是要从某一次最初的分配开始，

对财产权的保护，总是要从某一次最初的分配开始。

而这也将直接决定其结果。正如一位得克萨斯州农民不无苦涩地所说的那样："务农可以使你发一笔小财，但前提是，你起步时要

有一大笔财富。"

　　只要法律维护现状，律师就代表了社会上的保守力量。然而，法律的确也必须发生变化，在这一过程中，社会中的权利和权力均得到重新配置。通过立法公开修改法律，或者通过法庭使法律在其发展过程中发生潜移默化的变化，是两种为回应舆论潮流或政治运动而使其发生和平的正常变化的机制。通过由法律许可的机制来变革法律，是取代政变或彻底革命的另一种选择，也避免了就算不发生革命社会和谐也会遭到彻底破坏的情况。所以，不仅是法庭，法律自身也是解决社会内部争端的一种手段。英国历史上十分重要的法律改革，包括1832年通过的改革法案，可以说既消除了暴力革命发生的可能，也阻止了工党政府在1945年将英国变为现代福利国家。美国历史更好地说明了法庭的决定也可能产生巨变。这方面一个显著的例子就是美国最高法院对1954年布朗诉教育委员会案做出的裁决，这一裁决结束了公共教育中的种族隔离政策，并和其他因素一起，使得南方各州美国黑人的命运发生了巨大的改变——它对整个教育制度造成的影响是任何人都始料未及的。社会要想繁荣，就必须调和稳定与变革之间的关系，而法律的一个功能，正是通过和平程序来引导变革以实现这种调和。

> 社会要想繁荣，就必须调和稳定与变革之间的关系，而法律的一个功能，正是通过和平程序来引导变革以实现这种调和。

法律、暴力与强制

如果前面所讲的是法律的主要功能，那么接下来就需要说一说法律采用的方法。正如我们过去和现在每一天都可以看到的那样，公民基本上都会对法律采取合作态度，尽管有时可能会需要一点暗示，比方说电力局的最后通牒。即便是那些违反了法律的人，也会在某个时刻通力合作：他们可能会安安静静地被捕，或是对自己的犯罪事实供认不讳，不吵不闹地走进监狱，甚至于在还保留有极刑的可怕岁月里安静地走上绞刑台。阿尔伯特·皮埃尔伯恩特，我们的最后一位绞刑师，在其记录中回忆说，他只记得仅有一次行刑时，犯人（一个德国间谍）曾激烈地反抗过。许多历史资料都显示，被判死刑的囚犯，在其临刑前的遗言中都会称赞对他们的判决是正义的，而一件发生在17世纪早期的案例，则说一名囚犯在他的手被砍掉之后，在空中挥舞着刚从沸腾的沥青中拿出的血淋淋的残肢，高呼"上帝拯救女王"。毫无疑问，一个原因就是人们普遍接受这样一种观点，即他们应该在道德上遵守法律，遵从法律的指示，即使这和他们当下的个人利益是相抵触的。当然，这里面也有其他一些原因。一旦人们不再自愿地遵从法律，整个法律体制就会变得岌岌可危。为了培养人们的这种服从性，

为了培养人们的这种服从性，法律采用的一种方式是，使其自身及其权威性显得合法，使其裁决显得公正公平，使其法规准则显得充满智慧，而法官则显得既严厉又高贵、既公正又仁慈。绝对不要卷入一场纷争，除非可以确保取得胜利。

法律采用的一种方式是，使其自身及其权威性显得合法，使其裁决显得公正公平，使其法规准则显得充满智慧，而法官则显得既严厉又高贵、既公正又仁慈。因此，辩护在许多法律行为中都是必不可少的。与此同时，法律也必须昭示它代表着不可抗拒的力量，任何抵抗都将是徒劳的。所以对于警察来说，一条普遍规律就是绝对不要卷入一场纷争，除非可以确保取得胜利。甚至是古代的大法官法庭，也遵循着一条表达了类似观点的法律箴言："衡平法不做徒劳无益之事。"

但也总还是会有人不打算向法律低头，这或许是因为这些人本身就是坏人，是残忍自私的，也有可能是因为他们真的认为整个法律制度，或者某项特殊的法律或法律裁决缺乏道德权威。所有的法律制度，都准备好通过使用或威胁使用强制力量来解决这类问题。当然，我们只是偶尔才能看到这种力量被使用，比如在矿工罢工期间，可以从电视屏幕上看到许多警察使用暴力的画面。但是，（使用暴力的）可能性依然存在。

强制力和惩罚并不是一回事，尽管有些惩罚也要用到强制力，比如说鞭笞。借用一下这个令人不快的例子，鞭笞是惩罚，强制力则是迫使受刑人接受鞭打使用的暴力。鞭笞、烙刑、截肢、绞刑等暴力刑罚的废除，并不表示废除了确保罪犯伏法的强制力的使用。不信的话，你可以试一试在上诉法院刑事审判庭不停地吹长

> 法律需要做的就是制定规章制度，将合法的暴力与非法的暴力区分开来。法律真正垄断的是决定何时允许使用暴力的权力。

号，看看当最初有礼貌的劝阻也无法阻止你的时候，等待你的将会是什么。

当然，把你拖出去的并不是没有生命的抽象的法律，而是其他法务人员的职责。法律需要做的就是制定规章制度，将合法的暴力（护卫将银行抢劫犯拖上黑囚车）与非法的暴力（抢劫犯予以回击）区分开来。为了达到这个目的，法律先是禁止一切暴力，然后再规定一些例外情况，这里的例外显然是有利于护卫这一方的，他们不会因为他们的行为而被起诉。有些时候，这会被说成法律或国家垄断了暴力使用权，但这种说法是不正确的，在拳击和橄榄球比赛中发生的大多数暴力行为，都是合法的。法律真正垄断的是决定何时

法律从本质上来说应当是反暴力的。 允许使用暴力的权力，由其做出的决定也是利己的。法律可以使用暴力，但是其他人大体说来是不被允许这么做的，并且任何时候任何人都不能蓄意使用暴力去对抗法律。

许多学生觉得，法律以警察所代表的武力，或威胁使用武力作为支撑这一点并不好；他们认为，法律从本质上来说应当是反暴力的，这种看法可以用来解释现在法律暴力的这一面被弱化的趋势。近来，警察在市中心区维持治安过程中出现的问题和有时发生的骚乱，使得"法律最终依赖于强制力"这一事实，以及公众对警察维持治安的信心瓦解后强制力的使用越来越频繁所带来的负面结果，显得尤为突出。但是，每天发生在英国各个角落的强制力的独立使用，似乎并没有引起我们的关注。

第二章

法律理想与丑陋的现实

　　人类部分地生活在理想中，律师也不例外。当然，这并不意味着律师一定要实现这些理想；遗憾的是，他们也是不可能做到的。这世上有邪恶的律师，就像有腐败的会计、怯懦的士兵和好色的牧师一样。至于医生，我在意大利度假的时候，就曾亲身经历过一个残酷至极的变态医生，在不打麻药的情况下就给我做手术。他不给我注射一氧化二氮或乙醚，却找来两个身体壮硕的修女，坐在我旁边，不时地叨念上几句要有承受痛苦的勇气，而他则用一把钝得都快不能用的手术刀，无比缓慢地在我身上割来划去。因此，就像对其他专业人员一样，我们也决不能对律师抱有过高的期望。实际上，很容易就能找到一个例子，来说明每种职业都有自己独特的堕落形式——想一想那些整天抛头露面、风光无限的政客们。而且人类还有一种自我欺骗的能力，可以使自己相信自己的行为完全符合曾经公开宣称的理想，尽管事实并非如此。但是，这一切也并不代表与法律实践紧密相连的法律理想就是无关紧要的，事实上，不了解法律理想，就不可能真正理解作为一种社会制度的法律。这一点是千真万确的，即便是对于那些完全愤世嫉俗的人，以及那些像法律怀疑论者一样，认为法律界人士宣称的经由法律来实现理想不过是他们耍的一种伎俩，好让律师和受害者看不到法律远非什么好东西，而是彻头彻尾的坏东西这一残酷事实的人来说，也有必要了解法律理想。在本章结尾，我们会回过头来了解一下这些怀疑论者。

古希腊人认为公正是公正的人所具有的一种个人品质，而我们则倾向于把公正主要看作一种社会安排。

那么这些理想是什么呢？理想是比职业道德法规更为根本的东西。职业法规阐述了所有律师都要遵守的规则；而理想，就没有这么具体可及了。因为现在的律师没有类似希波克拉底誓言之类的宣誓，也没有什么官方的表述可供我们参考，所以我们必须事先预见到：所有关于激励人类行为的理想的表述，都可能是不准确和抽象的。

比如，沃尔特·兰多在其著名的墓志铭中，较为夸张地表达了那些他认为影响了他一生的理想：

我不与人争，也无人值得我争。

自然是我的最爱，其次是艺术，

生命的火焰，烤暖我的身心，

火焰低落，我亦随化青云。

像"自然"和"艺术"这样的词，都不是含义清晰的概念，但我们也不能就此得出兰多的理想就是华而不实的。律师的主要理想——公正和法治——也是如此。有些人也许会加上第三个理想——法律和秩序，不过随后我们会看到，这一点并不应该和前面两点处于同等高的地位。

前两个理想均源自古代社会。擅长哲学思辨的古希腊人，已经极尽可能地对公正做出了详细的阐释，尽管他们的有些表述在今天并不容易理解，因为他们的基本观点是，公正是公正的人所具有的一种个人品质，而我们则倾向于把公正主要看作一种社会安排。关于法治和对法律的尊重，古希腊人也有大量的阐述，苏格拉底关于审判和服从的故事，也以这些观点作为主题。但是法治社会的理论，却是由在其他方面更有实际经验的罗马人发展并完成的，这一理论随后被欧洲人变为现实，经过逐步完善，最终发展成为自由政治理论。

正义与法律

在所有的美德中，正义与法律有着特殊的联系。正义就像真理和美一样，所有人都爱，但却又很难说清它到底是什么。一种可以正义就像真理和美一样，所有人都爱，但却又很难说清它到底是什么。一个在恰当的地位上尽其所能，并且他贡献给社会的与他从社会中得到的完全相等的人，就是一个正义的人。如果人们不处于自然地位，那这个社会就是不正义的。

将其复杂含义梳理清楚的方法，就是区分我们通常在使用这一概念时所要表达的不同意思。

我们用到正义（justice）的第一种情况，似乎是将其等同于法律（law），比如法庭既可以被称作a court of law，也可以被称作a court of justice，法治既可以说成the administration of justice，也可以说成the administration of law。同样道理，许多国家有司法部部长（Ministers of Justice，这里的"法"也用"正义"一词来代替）。如果这里的"正义"是指一种美德的话，司法部部长（直译为"正义部长"）这一头衔，听上去就会显得十分奇怪或者滑稽，就好像我们也有真理部（Ministry of Truth）或者勇气部（Ministry of Courage）一样——这两个部门将分别负责管理谎言和怯懦。但是我们之所以这样使用"正义"一词，将其作为法律的同义词，原因在于：正义所关注的焦点，是确保人们得到他们有权得到或理应得到的东西，而这些似乎也是所有法律体系中最具代表性的法庭关注的焦点。不然法庭还能起别的什么作用呢？这就是为什么我们把"正义"与"法"作为同义词来使用；这一做法反映出，正义与法之间的联系存在于其本质中，因为法律自身就涵盖了其目的。

第二种情况往往出现在"公正执法"的标题下。据此，如果一个人得到了他有权得到的所有东西，或者为他的罪行受到了法律的惩罚，就可以说他得到了正义。如果一个杀人犯依法被判刑，受到惩处，或者一个债权人拿回了别人欠他的100英镑，他们就都得到了正义。同时，我们也时常会说某事对某人很不公平，比如法庭没有给被告请求轻判的机会就进行了宣判，或者某人因为太过贫穷而无法向法庭起诉。按照公正执法这个观点，法庭的裁决也有可能是不公正的：一个无辜的人可能会被判刑，而真正的凶手反而逍遥法外，或者本是债权人却要不停地还债。在这些情况下，法律裁决与现实就是不符的，或者我们也可以说，法律的目的，即惩罚凶手并确保债务偿还，没有达到。因此，公正执法是一个评判性的概念，可以通过比较现实的结果和理想状态下应该出现的结果来评价某一项法律裁决。

> 公正执法是一个评判性的概念，可以通过比较现实的结果和理想状态下应该出现的结果来评价某一项法律裁决。

有时，公正执法也被称为仅仅是一个程序性概念：只要法庭遵守了审判规则，就算被告是清白的，或者欠款没有被追回，法庭的裁决也被认为是公正的。尽管这对于将一个无辜的人判处受罚的真诚的法官来说可能是一种安慰，但却是一个错误，因为理想的公正执法要求深入事实的本质，而非流于形式和程序。"形式正义（formal justice）"，又一个用来描述公正执法的术语，则无疑使情

> 理想的公正执法要求深入事实的本质，而非流于形式和程序。依法实现正义需要律师——特别是法官——审慎正直地执法，并且要特别注意法律的目的。

况变得更加混乱，这一表述错误地认为：只要法律程序的每一项都做到了，我们就实现了公正执法。依法实现正义需要法律人——特别是法官——审慎正直地执行法律，并且要特别注意法律的目的。单是符合法律程序是不够的。需要注意的是，这一观点预先假定了：既有办法指明法律是什么，也有办法确定它的目的何在。如果这一切是可能的，那么法官只需把自己的精力用在审慎地运用法律上就可以了。但是如果有些情况是法律也不确定，或者法律的目的是不明确的，法官就需要做更多的事情。他必须在另外一种意义上去追求正义。

我们使用"正义"这一概念的第三种情况，需要我们对法律抱持一种批判态度，置身法律之外，更加理智地看待它，因为这种态度源于假定法律本身也可能是公正或者不公正的。所以一个人可能依法获得了正义，但如果法律本身是不公正的，或者它使法官做出了不公正的判定，法律的裁决就可能也是不公正的。这种关于正义的更为激进的批判性观点，有时被叫作实质正义（substantial justice），在大多数情况下也被称为公平（fairness）。它依赖于三个基本观点。首先是平等（equality），其次是应得（deserts），再次是道德或自然的授权（moral or natural entitlement）。这三点都有疑问，但却是我们在进行有关法律和社会安排的讨论和争执中经常用到的——极有可能每天都会用到。

作为平等的正义（有时也被叫作公平），是指同等情况应当做出类似处理，或者换言之，人们应该被平等地对待，除非他们的案件之间存在显著的差异。这一点在日常生活中被不断地提及，比如孩子会抱怨"苏珊十岁时就可以晚睡，我现在也十岁了"，或者大人们也会抱怨他们超速驾驶被罚款15英镑，而他们的朋友做了"完全一样的事情"却只被罚款12英镑。在法律世界中，有一大部分争论都是关于两个案件是否类似，或者在某些有关联的地方不同。对于作为平等的正义和法律之间这种密切的联系，有一种简单的解释。假设我们同意：所有人在有获得足够饮食的道德权利方面是平等的。我们可以用法规的形式来表述这一假设：所有人都应该获得足够的饮食。或者假设我们同意英国所有60岁以上且每周收入在40英镑以下的老年人，在获得政府的取暖补贴方面，情况是类似的。我们仍可用法规的形式做出以下表述：所有60岁以上且每周收入在40英镑以下的老年人，应该获得取暖补贴。法规还可以进一步明确补贴的具体数额。由此看来，各种规定似乎构成了法律的全部；实际上，法律正是通过各种规定来发挥作用。所以作为平等的正义，似乎需要规定不同类别的人（"杀人犯""全体人类""儿童"）应该受到怎样的对待（"终身监禁""提供足够的食物""接受适当的教育"），而制定这类的规定，似乎就是法律要做的事。事实上，从某个角度来看这个问题，法律就在于这种非常详细的规定，除此以外别无其他。

关于作为平等的正义，有一个很棘手的难题——人们可能无

> 在法律世界中，有一大部分争论都是关于两个案件是否类似，或者在某些有关联的地方不同。实际上，法律正是通过各种规定来发挥作用。

由于文化和历史背景不同，一个时代的正义观念不可能与另一个时代的正义观念一模一样，因此，寻求一个同等地适用于一切时代的普遍的价值观是一种错误。当代世界的一个极大问题就是要阐明一系列超越文化阻碍的普遍正义原则。

法就"如何决定相互间什么样的差异是相关的"，以及"为差别对待提供怎样的正当理由"达成一致。所有的杀人犯都应该被同等地对待吗？还是某些杀人犯（也许是囚犯，或者杀害儿童的凶手）比其他的更为恶劣？所有公民都应该缴地方税吗？还是只有户主要缴？大多数政治上的争论，都是关于这类问题的。一个经常谈论的例子就是种族问题。历史上，有些政权将人们之间的种族差别看得如此重要，以至于某些种族的人几乎不被当作真正的人来对待，这样的例子比比皆是。纳粹政权就是这样对待犹太人的，后果骇人听闻。南非政权对黑人实行差别待遇，认为他们不能和白人一起分享政治权利，这种观点是黑人和许多白人都无法接受的。我猜想，绝大多数阅读这本书的读者，都会赞同种族歧视是十分侮辱人的。但在另一方面，他们也会赞同：针对人们之间的某些差异，应该实行差别对待。比如，患有严重精神障碍或心脏病的人，不应被准许搭乘飞机。有没有某种方式可以客观地决定什么样的差异是要紧的、什么样的则是无关紧要的？或者说至少是在理论上存不存在这样一份权威性的清单，可以列出与某些特殊目的相关的差异？一些人认为，如果没有这样一份清单，"作为平等的正义"这一概念也就毫无意义。他们希望可以用某种方式证明种族歧视是绝对错误的。而另外一些人则倾向于认为，在这一问题上的任何观点都是主观和相对的，但承认这一点的同时，似乎也就大大削弱了批判种族歧视的道德力量。

在抽象意义或一般意义上谈平等，通常只会使问题变得模糊不清，而在每个人都生活其中且有着复杂的社会、政治和经济联系的环境中，对适用法律来说，平等是个极难掌握的概念。

在日常实践中，尽管没有两个案例是完全相似的，但是某些区别就某些目的而言却是全然不相关的，在这一点上，社会内部往往会形成普遍一致的观点。例如，年龄与应承担的刑事责任相关。大多数人都会同意：如果一个小孩子杀了人，不应该被当作罪犯来对待。尽管确定具体的年龄界限可能不太容易，但年龄可以被确定为一个相关因素。不过要是针对41岁的人杀人和42岁的人杀人也分别制定两套不同的法律，那就太愚蠢了，没有任何合理性原则可以用来论证这样的年龄差别和杀人这一问题是相关的；也许在其他问题上，比如常规测血压，这种年龄差别是有关系的。有时，关于哪些区别相关的争论，可以归结为事实性的分歧。仍以南非为例。种族隔离制度的拥护者辩称：事实上，黑人的确与白人不同，并且低白人一等。与此同时，他们也接受"如果这不是事实，那么平等对待就是合理的"这种主张。也许当这种宣称被证明是大错特错时，种族隔离制度的拥护者会改变他们的看法，到那时，争论也就可以平息了。但在南非的社会环境下，要实现这一点并不容易，因为在那里，人们的社会态度深刻地影响到他们真实的信念。即便如此，仍有一些曾被人们广泛接受的奇怪信念，以这种方式被消除。比如著名的犯罪学家龙勃罗梭曾认为，罪犯是由原始祖先隔代遗传下来的，可以通过其特殊的体形特征，比如他们耳垂的形状，或者男性胸部的发育，将他们辨认出来。英国的哈夫洛克·霭理士在其《犯罪者》一书中推广了这一观点，这本书在今天看来是极其荒唐可笑的，书中的观点被认为是纯粹的垃圾。一份英国政府报告引用例证，彻底驳斥了龙勃罗梭的观点，报告在罪犯的体形结构方面做了调查，与其理论完全不符。所以，今天没有人会因为别人长了奇怪的耳垂而希望刑法对其差别对待。但愿一些种族观念也会以同样的方式得到更正。

因此，"作为平等的正义"引发了各种各样的问题，有一些是很棘手的，但是在西方思想中，相信"作为平等的正义"也产生了一些很重要的结果：它迫使那些否认作为人类平等基础的基本道德观念的人处于防守地位。它也把举证的重任交给了支持不平等对待的人。从未接受过人类平等思想，甚至也不把它作为一种假设的社会，对此感到极为不安。

实质正义的第二个思想基础是应得。我们认为，做了好事的人，比如救出掉进水里的孩子，或者为挨饿的人举办慈善活动，都应得到一些回报，比如感谢，或是公众的认可，或是在得知获救儿童健康状况良好时或饥荒已经过去之后心中的满足感。大学就参与了很多奖励性质的应得：它们颁给那些为社区做出贡献、得到认可的人荣誉学位。在经济关系中也会使用到"应得"这一概念：工人应该为付出的劳动得到合理的回报，即与他在工作中的投入相称的回报。当然，也有罪有应得：那些罪恶的人，像米拉·欣得利和伊恩·布雷迪这些"沼泽杀手"，他们理应根据其罪恶行径受到惩处。正义的惩罚应该被执行。但遗憾的是，有时我们却会看到罪恶的人没有在遭受痛苦，反而诸事顺遂，这时我们就会感叹他们逃脱了正义的裁决。相反，当好人受苦，或者那些并非大奸大恶之徒得了重病，或是回到家却发现自家的房子被烧毁，我们则会悲叹命运对他们是如此的残酷，因为他们本不应该遭受这样的灾难。这时我们就会悲观地说：生活中没有正义。

在所有这些关于应得的谈论背后，是一种信念，即发生在人们身上的福与祸，不应该简单地用运气好坏或者工于心计的算计来解释，而是应该具有道德意义。当好人得到了好报，劳动者得到了应得的报酬，恶人受

> 发生在人们身上的福与祸，不应该简单地用运气好坏或者工于心计的算计来解释，而是应该具有道德意义。

到了应受的责罚，作为应得的正义就实现了。这种正义观与法律之间的联系是显而易见的：当正义在自然无助的情况下无法得到伸张时，法律为正义的实现提供了制度保障。所以，既然悔恨往往不能令杀人犯饱受煎熬，而他们遭雷击或感染淋巴腺鼠疫的概率也不高，法律就可以确保他们经受牢狱之苦或是死刑的惩罚。当然，如果你相信存在天堂和地狱，那么一切是非曲直都会在那里得到正义的裁决。不过，如此一来，又很难解释为什么宗教人士似乎依然希望及早采取行动，在此生就让犯罪的人受到惩罚，尽管死刑可以被看作一种将罪人尽快送入地狱以免神圣的惩罚被延迟太久的方式。有一些基督徒对此百般不解。我猜想大概可以有这样一种解释：世俗的

惩罚对于行恶的人来说其实是一种仁慈，因为可以减少他们在来生遭受的报应。在斯克拉比斯监狱每待上一天，就意味着将在炼狱之火中少受一天的煎熬，不过通常情况下，这种以此生换来生的交易并不被视作什么好事。

> 一个公正的法律体系，应该能够分配各种资源和成果，以确保它们只为那些最有权利或最有资格拥有它们的人所持有。

实质正义这一概念所包含的第三个基本观点是道德的授权，有时也被称为自然的授权。一个公正的法律体系，应当能够分配各种资源和成果，以确保它们只为那些最有权利或最有资格拥有它们的人所持有。这与作为应得的正义相重合，因为行为特别值得称赞的人，比如救落水儿童者，可能会让人觉得他们的勇敢使他们有权获得某种奖励。但是与作为应得的正义相比，作为授权的正义的外延可以更大，同时依照大多数人的观点，使坏人受到惩处也不在作为授权的正义的范围内。一个做了坏事的人，并没有遭受痛苦或者下地狱的"权利"，尽管德国哲学家黑格尔对此持相反观点。很奇怪的是，有一些违反了刑法的罪犯，明确表示想要接受惩罚，或许因为他们觉得惩罚可以将他们的过错一笔勾销。如果从这样的角度来看待惩罚，它就变成了一件好事，或许人们也可以被认为是有权接受惩罚。

作为道德或者自然的授权的正义理论，由亚里士多德创立，此后已经成为我们（西方）思维方式的一部分，尽管将其与个人权利联系在一起还是近代发生的事情。关于这一理论的第一个难题就是：

确定什么样的理由可以使人们有权获得好的事物。第二个难题则是：确定这一理论的应用范围有多大。是生活中所有的东西都应该用正义的方式分配呢？还是只有某些东西应该以这种方式分配？

就第一个难题而言，有一种可能的观点是：每个人都应同等享有每一样好的事物，很简单，因为大家都是人。不过，这种观点听上去既让人沮丧又显得很愚蠢：完全不看是否对拉小提琴感兴趣，每个人都拥有一把小提琴，这样做的意义何在呢？可想而知，处在这样制度下的世界，会变得多的乏味和压抑。因此，所有修改过的涉及分配的理论，要么实行按需分配，要么根据能力或者行业来进行分配。另外一种观点是：我们需要的是一个公正的分配制度。打个比方，如果有三个人却只有两张床，可以通过抽签来分配这两张床；尽管这么做不能令三个人都得到同样的东西，但是这样一种制度，因为具有一个公正的程序而可以为人们所接受，在这样的制度下，三个人有同等的机会可以分得床。哲学家约翰·罗尔斯从这一观点出发，发展出了一个著名的理论。

在现代思潮中，仅仅作为人，每个人都有权至少享有包括某些基本权利在内的最低程度的幸福，这一点得到了极大的重视。事实上，英国已经加入了《欧洲人权公约》，公约中包括的这方面权利，分属不同的种类。有些是政治方面的权利，比如自由选举权、集会和结社自由等。有些是思想精神方面的权利，比如受教育权、思想自由、言论自由、

> 仅仅作为人，每个人都有权至少享有包括某些基本权利在内的最低程度的幸福。

宗教和信仰自由等。有些涉及家庭生活和隐私：婚姻自由，尊重家庭生活，尊重私生活和通信自由。另外一些则限制强制手段：不受残酷折磨、非人道或非正当对待和惩罚权，免受奴隶贸易权，自由权和接受公正听证权。关于这些基本人权的强硬派理论宣称，无论何时，这些权利也不能被侵害，哪怕是可以使他人极大地受益也不行。例如，就算有人在伦敦市中心藏了一颗定时原子弹，也不能用酷刑逼他吐露原子弹的位置，以争取时间避免原子弹爆炸。

> 如果一种法律制度不能确保每个人享有受教育权、宗教信仰自由，或者人人都有足够的物质财富以达到贫困线上的最低生活标准等自然权利，这种法律制度就是不公正的。相应的，一个让富人饮食过量、穷人挨饿的制度，也是不公平的。

这类权利有时也被称作自然权利，如果严格遵照这种说法，那么一切试图说明这些权利是什么的说法，像《欧洲人权公约》，都不能被看作结论性的。因此，关于权利的陈述，也仅应被看作声明人类生来就有的权利。一个公正的法律制度，将会尽可能地确保每个人获得这些自然权利。如果一种法律制度不能确保每个人享有受教育权、宗教信仰自由，或者人人都有足够的物质财富以达到贫困线上的最低生活标准等自然权利，这种法律制度就是不公正的。相应的，一个让富人饮食过量、穷人挨饿的制度，也是不公平的。

目前，人们似乎更热衷于权利的言语表述，而较少关注在现实中建立切实有效的法律程序，以确保人们权利的实现。像英国，仍然没有使《欧洲人权公约》成为其法律的一部分，这给公民的使用造成了极大的障碍。事实上，在这个世界上，保障各种人权的宪法可以说是铺天盖地，但真正起作用的却寥寥无几。此外，诸如工作权这样就算具有世界上最强的法律意志的法律制度也很难保障的权利，也被作为自然权利大肆宣扬。也许，对于权利华丽而虚饰的言语描述，早已超出了现实。

至于上文提到的第二个难题，即使最坚定不移地信奉正义的人也会赞同：并不是每样东西都可以公平分配。如果有50个人同时爱上玛丽莲·梦露，此时公正就不太派得上用场了——对于其中的49个人来说，生活将会是不公正的，或者用我们常用的说法，生活是无情的。也许对于此类问题可以从公正的程序中来寻找答案；每一位追求者都有权为自己辩护，不过在这个例子中，这种做法似乎不太实际，因为它会侵犯隐私权。所以，对任何关于"作为授权的正义"的理论的适用范围都应有所限制，这个世界不需要泛滥无边的正义。

作为平等的正义、作为应得的正义和作为授权的正义并不是相互排斥的，它们经常相互作用，相互影响。但是，当我们把正义作为基础批判性地看待法律及其实施过程时，这三个概念中的某一个将会起重要作用。此外，就像对一份烹饪食谱来说，总是很有必要问清楚最终的成品是否可口，问一问法律及其实施是否公正也很有必要，因

就像对一份烹饪食谱来说，总是很有必要问清楚最终的成品是否可口，问一问法律及其实施是否公正也很有必要，因为如果我们承认所有的社会制度都应为某一目的服务，那么保障公正似乎就是法律的首要目的。

为如果我们承认所有的社会制度都应为某一目的服务，那么保障公正似乎就是法律的首要目的。但这并不意味着法律就不能有其他目的，或者其他目的一定不如正义那么重要；比如在税收法中，所谓的"衡平"（即作为平等的正义）有时要从属于减免征税。但是，保障公正的确是一个十分重要的目的。

社会正义问题：自由与平等

今天，关于法律制度公正性问题的争论，常常围绕"社会正义"这一概念展开，社会正义（social justice）是指实现了资源和成果公正分配的这样一种社会状态。很多人都坚信：社会应该通过法律努力实现社会正义这一目标。例如，常有人辩称政府应该以社会正义的名义干预市场，以确保商品和服务定价合理。他们认为，企业家无权谋取高额利润（又称超额利润）。即使企业家可以赢得利润，也应是在一个合理的范围内。同时，又有许多人认为，国家应该通过法律来建立能够带来平等机会甚至产生平等结果的教育制度。所有的少年儿童，都有权接受可以消除社会背景和基因构成方面差异的教育，而法律则应积极阻止甚至废除不符合这一目标的教育安排。也有一些人指出，应当对历来处于弱势地位的群体实行"正向差别待遇"——一种逆向障碍制度，以使他们处于更为平等的地位。可以看出，在我们对这些问题的思考过程中，平等、应得和授权，特别是"平等"这一概念，起着非常重要的作用。

但是，这些观点也遭到了其他一些人的反对。反对者声称：依靠自由市场来实现社会分配，可以带来更大的社会效益，通过法律管理教育、给商品定价等手段，过于狂热地追求平均主义，既不明智也不现实。他们更倾向于在法律制度下采用另一种商品分配方式，即自由市场。只要人们杜绝造假、胁迫和欺诈，同时在市场中不处于垄断地位，就应允许他们根据自定的条件随心所欲地买卖包括他们的劳动，甚至是自由在内的任何东西，法律应该支持他们签订的合同，而不必麻烦地去追问结果是否公平公正，是否有利于促成一个更为平等的社会。常常和这种辩称联系在一起的是这样一种观点，即人们享有的自由程度越充分，就会生产出更多好的商品，或者更多可供分配的财富，由此带来的结果就是人人受益。自由市场的支持者，当然也希望就什么东西可供买卖设定一些限制（大多数人——尽管不是所有人——都反对自由买卖婴儿），并且他们也支持在讨价还价过程中的公平。不过，争论的角度各有不同。例如，一些人强调自由作为一种结果其本身的重要性，并将一切阻碍自由购买包括教育在内的任何事物的行为，视为是对自由的无理干涉。另外一些人则可能会将争论的重心更多地放在"从长远来看自由市场将使每个人受益"这一点上。还有一部分人则认为，所谓的"在全社会范围内实现资源和成果的公平分配"不过是一个空洞无物的概念，而与在自

普遍意义上的正义，就是一切社会美德的总和，个别意义上的正义，则意味着平等，后者又可分为改正的正义（纠正受到破坏的平等）和分配的正义（在法律上平等的人们中均等分配社会利益）。

自由与正义是背道而驰的，在现实的意义上，关键在于如何在两者之间求得平衡。

由市场条件下通过订立合同获取利润截然相反的所谓的公平利润，也是毫无意义的。

就社会正义这一理想及其与自由市场的兼容性产生的争议，划分出了政治上的左派和右派，而两派之争经常会言过其实。但在所有的争论背后，存在一个不容争辩的事实，即尽管自由市场经济极有可能会使可供分配的存货增加，从而使人人都有可能变得更为富有，并会随之而获得更高程度的自由，但是自由市场经济似乎也会造成财富分配的极大不平等。所以，如果说自由（包括根据自己制定的条件自由地买卖）与正义（作为平等的正义，或是作为授权的正义，或是作为应得的正义）是背道而驰的，也不无道理，而在现实的意义上，关键在于如何在两者之间求得平衡。

法治与追求自由

荷马在《奥德赛》中描绘了这样一个岛屿，岛上生活着塞克洛普斯独眼巨人，他们只形成家庭，不形成社会。每只怪物都住在自己的洞穴里，照管自己的羊群；不存在孤独的塞克洛普斯，因为他们彼此互不关心。因此，这里也不存在法律，因为压根就不需要；荷马将法律称为"判决"，并未区分司法裁决和法律制定。从现代生活的角度来看，这则故事的含义是：社会生活需要一定秩序下的合作，而秩序则需要法律保障。否则，强者将可以从弱者那里恣意夺取他们想要的任何东西，冲突和争端将没有办法得到解决，由此导致协作的社会生活也无法继续下去。当然，对于塞克洛普斯来说，这不是问题，因为他们都是自给自足，显然不需要跟其他的塞克洛普斯进行实物交易。然而荷马确实指明了，每一个塞克洛普斯对于自己的妻儿来说，都既是立法者又是法官，只不过对婚姻生活中的问题是如何处理的这一点，荷马没有做出进一步的解释。

> 社会生活需要一定秩序下的合作，而秩序则需要法律保障。否则，强者将可以从弱者那里恣意夺取他们想要的任何东西，冲突和争端将没有办法得到解决，由此导致协作的社会生活也无法继续下去。

除非在塞克洛普斯中发生了通奸，这时的婚姻当然会涉及与其他家族群体打交道。毫无疑问，荷马笔下的塞克洛普斯，是以山中牧羊人的生活为原型的，在今天的希腊，你依然可以找到这些和羊群一起居住在高山上的牧羊人，他们在很长时间里不会和任何人建立联系。在这种情况下，他们自然也就不需要法律。

而与塞克洛普斯毫无相像之处的我们，通过听命于能够迫使不合作者服从其意志的某位领袖、独裁者，或者统治集团的成员，则可以有政府，并获得某种秩序。一种领导者的形象，就是被其追随者前呼后拥，追随者盲目服从，即使他们觉得领导的命令让人费解。这种服从，其实就是纯粹地服从政府和人治。但是，这种对人治的服从，会导致自由的丧失，这将比其原本要解决的由冲突而引起的混乱来得更糟，因为这会将被统治者置于统治者的意志之下，由

> 对人治的服从，会导致自由的丧失。

只有法治，而非人治，才是解决问题之道。法治的意思就是指政府在一切行动中都受到事前规定并宣布的规则的约束。政府实际上是各类官员的集合体，如果政府本身受到法律的约束，这将保护公民免受专制压迫，同时促使官员依法行事，各司其职。

此产生的根本不是秩序，而是一种不可预知的状态。所以那些既重视通过政府和强制手段实现的秩序，又重视自由和可预见性的人们，一直都在努力调和政府和自由之间的矛盾，他们想出的理论就是法治。他们辩称：只有法治，而非人治，才是解决之道。F.A.哈耶克，这一理论的一位现代阐释者，曾这样写道（《通往奴役之路》[1944]，芝加哥，1976，72页）：

　　最能清楚地将一个自由国家的状态和一个在专制政府统治下的国家的状况区分开来的，莫过于前者遵循着法治这一伟大原则。撇开所有技术细节不论，法治的意思就是指政府在一切行动中都受到事前规定和宣布的规则的约束——这种规则使得一个人有可能十分肯定地预见到当局在某一情况中会怎样使用它的强制权力，并根据对此的了解计划他自己的个人事务。

　　根据哈耶克的观点，政府实际上是各类官员的集合体，如果政府本身受到法律的约束，这将保护公民免受专制压迫，同时促使官员依法行事，各司其职。法治的另外一个优点显然是高效：制定规则（例如，指明电视许可证的费用是多少）远比个人命令要来得简单，不过这并不是哈耶克想要强调的重点。

　　我曾就读的学校，就级长（英国某些公立学校中负责维持纪律的学生）而言，并不是一所法治学校。我一位朋友的遭遇可以用来论证哈耶克的思想，他现在是一位神学教授。一天晚上，他先是被从睡梦中唤醒，然后级长没做任何解释，就用一根藤条毒打了他一顿。他只是尽可能地重新回到睡眠中，甚至都没有想要问清楚为什么这样的事情会发生在他身上。他这种行为初看起来似乎有些怪异，但是在一个没有法治的世界里，这却是完全合情合理的。在一个级长可以这样随心所欲地处置他人、他们的权力不受任何已知法规约束的社会里，就算问清楚了又有什么用呢？假设这次他受到惩罚是因为洗澡水变冷了，下次可能又会因洗澡水太烫了而受到惩罚。所以，最好还是保持沉默，特别是当多余的言语可能会招致再一次的毒打时。那些像本书大多数读者一样，一直生活在相对自由、法治在某种程度上得到贯彻的社会中的人们，可能很难理解：他们的生活和——打个比方——希特勒统治时期德国犹太人的生活，到底有什么不同？在那个时期的德国，如果有人敲门，你永远也猜不到接下来将会发生什么。当时的德国也存在某种法治，只是不适用于犹太人。事实上，摧毁个性的一种方法，就是迫使人们屈从于极度专制的高压统治，这种方法曾被用于早期的军事训练中。法治则会尊重每个人的个性。

　　相信法治的人承认，强制对于法律制度

> 事实上，摧毁个性的一种方法，就是迫使人们屈从于极度专制的高压统治，法治则会尊重每个人的个性。

下秩序的产生是必要的；与此同时，他们也将保护人身自由视为需要秩序的一个主要原因。然而，强制似乎是与自由对立的；不过，相信法治的人，却力求通过规范强制手段的使用，将其纳入法律法规的约束范围内，来消除二者之间的矛盾。现在，单是通过上述做法，尚无法确保强制手段仅作为一种维护自由的机制而被加以使用。例如，在部队里，"有损良好秩序和军队纪律的行为"，在过去和现在都被视为一种过错，一个人犯下这样的错误，很可能会受到惩罚。这诚然是一项法规，不过这样的规定未免也太过模糊，差不多任何行为都可被归入此类；在实际生活中，从我自己接受军事训练的经历来看，一个人要想不被指责触犯了这条规定，就必须服从临时营房里班长的任何命令。因此，我们要洗煤，要把袜子叠得方方正正以便应付检查，要用我们的餐刀去割营房外蒲公英的花，要把我们军靴上的饰钉擦得锃亮，还得捡拾阅兵场上的羊粪和太妃糖糖纸。诸如此种模糊的法律，并不符合法治的理想。换句话说，如果法治受到尊重，任何旧有的法律都不合适。比如，《公务员保密法》中第二款的规定就太过宽泛，以至于与任一官员任何有关工作的谈话，都可被指控为违法。没有人会把这样的规定当真，但在何种行为是法律许可的这一点上，法律并没有给公众提供真正的指导以免违背当局的意志。

　　因此，具有酌处权的法律、溯及法以及一些保密法，都与法治是不合拍的。那些有着对无意中触犯法律的人实施惩罚规定的法律亦是如此，因此，如果我们尊重法治理想，对于那些在偶然情况下或是由于过失触犯法律的人，或是由于智力缺陷而不具备完全行为责任能力的人，就不应追究其刑事责任。当然，如果有人拥有特权而不受法律约束，法治的理想同样无法实现；人人都必须受到法律的约束。关于法律程序，也有许多值得讨论的地方。法官和审判员必须凭良心公正地办案，如果没有这个前提，从裁定结果的意义上讲，也就不存在法治。如果一个无辜的人受到指控并被关入监狱，那么真正起决定作用的就是偶然性，而非法律。

关于究竟什么才是法治的精神实质，可以衍生出无数详尽的解释，这一精神实质也可以为立法和执法提供指引。就法官而言，一个理想中的真正奉行法治的法官，是一个其决定不会受到个人看法和偏见左右的人。只有一个简单的原因可以用来解释他所做的一切：这就是法律。一个最直接的例子就是，法官需要对一个刚刚被陪审团判为谋杀罪的人做出判决。在这种情况下只可能有一种判决结果，那就是终身监禁，如果法官将此人判为终身监禁，他就完全奉行了法治。当然，作为一种普遍发生的情况，如果法官对该犯人使用了一些侮辱性的字眼（比如"你这个怪胎"），他就偏离了法治理想。他这么做无法可依，因此，一些欧洲大陆国家的法官，对于英国法官在宣判的同时还带着激烈的谩骂这样的做法，感到极为震惊，就像有位法官曾经不无滑稽地所说的："这些令人发指的罪行，最应受到谴责的一点就是，它们发生在伦敦最美丽的一座大桥（伦敦大桥）下面。"

如果法律自身不被看作任何个人恣意妄为的产物，强制与自由之间的矛盾就可以得到进一步的调和。因此，根据民主理论，尽管困难重重，法律仍应由人民来制定；这样，对其自由唯一的限制，就是他们自己加给自己的。但这里面最明显的问题是，多数人往往倾向于压制少数人；一种可能的解决途径是由法律来综合各种限制，从而确保某些自由的牢固地位，比如美国宪法规定的言论和出版自由。此类宪法限制了某些立法，以免法律制度反过来破坏法治。因此，宪法可以禁止通过溯及法，或者禁止追究无过错情况下的刑事责任。

一旦远离了人民，法治也就毫无意义。法治的精神实质，要求法律应当容易被公民理解。

法律人在实现法治的过程中，主要起着两方面的作用。作为最直接地参与到法律体制中的一类人，他们能让"法律体制符合法治理想"成为现实，这一点对于法官来说尤其如此。同时，律师可以通过法律实践使法律进而使法治切实地为民所用。一旦远离了人民，法治也就毫无意义。因此，那些被指控犯下重罪的嫌疑人，往往无法在法庭上做出充分的辩护。他们由于害怕而变得结结巴巴，不习惯法庭程序，对于规范审判过程的法律法规也是一无所知。如果没有法律援助，法治是他们根本无法触及的。因而，法治的精神实质，要求法律应当容易被公民理解，但尽管众所周知，实际情况却往往并非如此。公民咨询局之类的机构，也因此成为法治的外围机构。由于法治的功能是查处政府工作人员的失职行为，因此拥有一些能够有效控制这些失职行为的补救措施是很重要的。

法律与秩序

正义的理想在于公平地分配资源和成果；法治的理想则是以个人自由为目标，这一目标只有通过在法治范围内引导强制手段的使用来实现。通过法律获得的秩序本身，常被简单地看作一种结果，但有时也被作为目标而提出来。"法律与秩序"这一常见的标语中就包含了这样的信息，这个标语暗示着：在服从法律和秩序并然的社会二者之间，存在着某种天然的联系。"法律与秩序"作为一个政治口号，有着强大的吸引力。想一想，一个宣称反对"法律与秩序"的政党，将会有什么样的下场。因此，在竞选期间，政治世界中的各方，总是会在使用这一口号上一争高下，同时拼命将自己标榜成一旦竞选成功，就会比其他政党更有可能实现"法律与秩序"。

> 在服从法律和秩序并然的社会二者之间，存在着某种天然的联系。

法律与秩序的信奉者们，通常都将法律，特别是其强制性机关（主要是警察），视作防止严重扰乱社会的暴力行为的保护力量。所以，法律与秩序是和大范围的骚乱和暴力场面相对立的，后者也常被称为"法律和秩序的崩溃"。数量惊人的商店偷窃现象，并不被看作法律秩序的崩溃，但如果偷盗是由一伙持枪的歹徒在控制了整个超市的情况下实施的，就应另当别论了。另外一个日常发生的例子是大量涉及暴力的街头犯罪。安全感的降低，妨碍了人们的日常生活。显然，即便是那些认为通常是法律产生了秩序的人们也必须承认：骚乱的发生，总是伴随着资源和成果的分配失败。在这一点上，法律被视作重建秩序的工具。事实上，正如读者可以在任何新闻影片中看到的那样，骚乱被镇压下去，首先是通过直接的强制力量，通过斗争实现的。这类事件过后有时会有审判和惩罚，但通常只会牵连参与者中很少一部分人。所以，这里的"法律"的真正含义是合法化的强制力。在适用强制手段的过程中，律师只起间接作用；真正的工作是由别的人来做的。

> 在适用强制手段的过程中，律师只起间接作用；真正的工作是由别的人来做的。

目前，认为"法律和秩序代表了一个明确的法律理想"这一观点存在一个问题，即秩序也是有好有坏。非常邪恶的政权，往往有着极为严格的秩序和管理。因此，很多人仅仅把秩序看作达到某种目的的手段，而非目的本身。持相反观点的人则认为，生活在一个秩序井然的社会中，总比生活在无政府状态中要好。我猜想，和生活在和平的英国的人们相比，近来一直处于无政府状态中的人，大概会觉得后一种观点更有道理。

第二个问题在于，将法律和秩序理想化，暗示了两者之间存在着某种关联，而这种关联可能并不正确。在我生活的温汉姆村，人们的记忆中从未出现过暴乱。我们这些倦怠的温汉姆村民，从未产生过制造暴乱的冲动，即使有，也会基于道德，或者惧怕社会指责，或者仅仅因为懒惰，而把这样的念头压下去。当产生秩序的其他机制失去效用时，就像不久前发生在布利克斯顿和默多克先生位于沃坪的印刷厂里的那样，法律机构的介入，只能暂时使情况得以缓解，在某些情况下甚至有可能使事情变得更糟；最严重的暴力，莫过于政府官员的暴力。因此，有人认为，对于防止个别人或者少数一伙人扰乱社会秩序，比如克雷兄弟或约克郡屠夫，法律可能是至关重要的最后一道防线。但是，一般说来，秩序并不是由法律的强制性机构产生的。温汉姆村总体的和谐氛围与村里友好的警察的存在毫无关系，不过鉴于近来在几里地以外的敏斯特村曾有一名儿童受到残忍的攻击，有孩子的村民还是很乐意有警察在身边的。

尽管常常有人就法律和社会秩序之间的联系发表肯定的看法，但事实是，我们对此确实所知甚少。刑罚学和犯罪学的研究，一直致力于揭示刑法和惩罚究竟会对人们产生什么样的影响；研究人员进行了大量的实验，但是所获甚微。所以关于刑法对产生秩序所起重要作用的争论，或许根本不是事实之争，而是不同意识形态，即关于我们生活在一个什么样的世界的不同看法之间的碰撞。不管怎样，当形势恶化时，并非法律强制力重建了和平。那些将法律和秩序提升到法律理想高度的人们，坚信一个同质的、秩序井然的社会的重要性，

那些将法律和秩序提升到法律理想高度的人们，坚信一个同质的、秩序井然的社会的重要性。人类社会实质上是脆弱的，信奉法治的人经常将强制力视为一种内在邪恶的力量。自由和多元化能够强化，而非削弱人类社会。最严重的暴力，莫过于政府官员的暴力。

61

以及在这样的社会中人们可能取得的成就。他们赞同古代社会中斯巴达的形式，并且和詹姆士·史蒂芬这位著名的维多利亚时期的法官一样，他们相信强制力通常会（也确实能够）成为一种正义的力量。他们也（可能有点悲观地）认为：人类社会实质上是脆弱的，总是处于被颠覆的危险中。与之相反，信奉法治的人则经常将强制力视为一种内在邪恶的力量；而在人类社会的问题上，他们的看法则要更加乐观：自由和多元化能够强化，而非削弱人类社会，而在社会进程中，容忍一定程度的混乱是值得的。

法律反传统者和丑陋的现实

仍有无知的人在胡言乱语地谈论过去的黄金岁月，但是没有哪一位谨慎的历史学家会承认他经历过这样一个时期。

任何一个稍有理智的人，都不会幼稚到认为某种法律体制已经完全实现了正义、法治和秩序。诚然，仍有无知的人在胡言乱语地谈论过去的黄金岁月，但是没有哪一位谨慎的历史学家会承认他经历过这样一个时期，而在现今社会，仍有无辜的人时不时地被宣判有罪，邪恶依然猖獗，好人仍在受难，受到故意伤害的受害者并没有得到赔偿，有时使用强制力来建立法律与秩序似乎比不用时还要糟糕。那些信奉法律理想的人，对于这种理想与现实的失衡，可能会有如下三种反应之一。

第一种反应就是，首先承认法律和其他人类制度一样，存在着缺陷，然后再试图做出改善。怀着这样的目的，很多法律人和其他公民一样，采取了各种行动来完善法律及其实施。在民主社会，人们可以通过加入政党，或者采取其他手段——通过个人行为，通过加入压力集团，通过给报社写信，通过努力影响大众舆论——来完善法律及其实施。

第二种反应就是摆出受到惊吓的鸵鸟的姿势，拒不承认这种理想和现实之间差距的存在。这种态度可以通过行为来表示，比如，上诉法院刑事庭和其前身刑事上诉法院，在拒绝干预刑事定罪方面有着非常糟糕的记录，在这种情况下，除了上诉法官之外，没有人会确信正义已经得到伸张。但这种拒不承认的态度，更普遍地表现在言辞中。当保留死刑受到质疑时，有人提出了一种没有立场的观点，即在法律的保护下，不可能有无辜的人被处以绞刑。之所以会存在这样的说法，可能是因为这能使那些需要做出重大决断的人相信他们一贯是正确的。这种现象在一些将军的回忆录中也很常见，他们的错误会让成千上万人丢掉性命。

第三种反应较为激进，已经超出了所谓的日常理性怀疑。在西方思想里，长久以来一直存在这样一种观点：法律实质上是一种为社会中具有压迫性和不公平的财富及权力分配提供保护的机制。法律会抑制个体及社区的发展。如果消除了压迫和不平等，法律也就没有存在的必要了，因为不需要强制秩序也会产生。这种

> 法律实质上是一种为社会中具有压迫性和不公平的财富及权力分配提供保护的机制。用蒲鲁东的话来说，"财产即为盗窃"。

理论的一个例子是认为贫穷会导致犯罪，这一看法曾一度极为盛行：如果我们可以消除贫困，也就不需要法庭、监狱和警察了。由此可以很容易地进一步推出，正是社会中不公平的财富分配导致了贫困，而这样的分配受到法律的保护。因此，是法律导致贫困，而贫困导致犯罪；简单地说，就是法律导致了犯罪。代表这一观点的一个经典表述，是蒲鲁东的名言"财产即为盗窃"。事实上，这类论证大多都是以财产制度（即法律的重心）为核心。关于权力分配也可以衍生出类似的论证，目前已提出很多这样的观点。

颠倒的法律理想，可以与这种激进的观点相吻合。论证如下。法律很奇怪的一点就是：其权威性和客观性，被大部分公民在大多数时候广泛地接受，即使那些只有一副手铐脚镣，就算反抗也不会失去什么的人也不例外。法律制度被视作是合乎道德的，人们相信：就算违背了个人利益，也应该遵守法律。正是这种接受和服从，使得在大多数情况下没有必要诉诸强制手段。激进的怀疑论者将法律理想看作邪恶的谎言，其功能在于创造一个服从的大氛围。这样一来，所谓法律产生符合所有人利益的秩序的谎言，就是用来使警察用警棍驱散罢工者合法化，而罢工者本来有机会去改善他们的生活。而宣称法官如同正义的使者，不带任何个人和政治偏见，依照现存的客观法律体系解决争端，不过是为了让公众很容易接受判决结果。总而言之，法律理想是用来蒙骗受压迫者的。

将这一理论应用于法律面前人人平等

不偏不倚的伟大的法律，既禁止富人也禁止穷人睡在巴黎的大桥下。

的理念中的一个例子是法国作家阿纳托尔·法朗士，他曾这样说过："不偏不倚的伟大的法律，既禁止富人也禁止穷人睡在巴黎的大桥下。"

法学理论和法治

尽管并未冠以此名，怀疑论者和理想主义者之争，迄今为止已进行了数百年。他们曾经的争论焦点是"正义"这一概念，有人认为正义的客观标准（经常被称作自然法），是存在的而且可发掘的，另外一些人则对此持怀疑态度。目前，他们更多是就法治理想展开争论。在法理学、法哲学或法律理论等法律课程中，一个重要的论题也是以此为基础，它主要包括两种观点：一种认为，法治理想是符合人类利益的，理论上也是可实现的；另一种观点则认为，法治理想既是阻碍社会发展的，也是无法实现的。

诸多法理学著作的核心，都是讨论司法裁决的本质。毫无疑问，法官手中掌握的职权，应当受到法律的约束。法治理想似乎要求将客观存在的法规体系，运用于具体的案例事实中，这一过程决定着就权利义务或者公民是否有罪的司法裁决的产生。在这种思想体系下，法庭应当仅仅作为一种工具，作为法律顺从的仆人而存在。

温和的理想主义者宣称，在大多数情况下，这都是事实。但他们也不否认，有时法官可能会对法律理解有误，如果有陪审团的话，法官或者陪审团可能会把事实搞错；而在法律的适用过程中，同样可能出现错误。不过，通常情况下，司法裁决还是合理的，这就像从整体上来看，民航飞机飞行无误，而飞行员则需要根据面临的情况选择应用恰当的规则和步骤。不过，这些理想主义者也承认例外情况的存在，不仅仅因为错误在所难免，而且因为就法律是什么或者该如何被应用有着无法根除的不确定性。法律在界限附近是模糊的，正因如此，法官才有必要做出个人的选择。同理，要想给飞行员一本可以包罗万象（在座舱里出现了一条眼镜蛇该怎么办）或者每条规定都极其精确（如果副驾驶员发了疯，飞机不再起飞，但是发疯是什么意思？究竟何种程度算发疯？）的指南，也是天方夜谭。

> 法律在界限附近是模糊的，正因如此，法官才有必要做出个人的选择。

激进的理想主义者则走得更远，他们认为：法律在理论上能够为每一个法律问题提供正确的解答，只是在多数情况下，人类由于自身的弱点，没能发现这些解答。罗纳德·德沃金教授（一位激进的理想主义者，一直在写一些有趣的书和文章来支持这种观点）甚至臆造了一个名叫赫拉克勒斯的神话般的超级法官，此人可以完成他人认为不可能完成的工作。德沃金试图解释，他如何设法从法律资料中找出摆在面前的案件的正确解决方案。为了使论证令人信服，有必要发展出完全不同的法治的含义。

> 法律在理论上绝不可能决定一个案件的正确裁决结果，案件是由辩护时陈述的理由决定的。

温和的反传统者与温和的理想主义者意见一致，只不过前者认为法律的模糊地带更多的是准则上的而非个例上的，而激进的怀疑论者则可能会反驳称，法律在理论上绝不可能决定一个案件的正确裁决结果，案件是由辩护时陈述的理由决定的。

关于这些不同的观点，还有很多值得论述的地方，对于一些法学学生来说，至少这一论题的吸引人之处，部分在于有关研究引发了一系列哲学的基本问题，这些问题决定了我们对待法律的许多态度，并且似乎也没有一个正确的解答。

第三章

法律体系和法律传统

在西欧得到进一步发展的西方文明的一个最重要的特点就是，法律被赋予了无比的重要性。法律决定了政治组织和社会结构，构建了个体关系体系，并通过提供解决社区内部矛盾冲突的客观机制，维持着社会稳定。这种对法律的敬畏产生的一个结果，就是相信法治；另一个结果，则是将统治者视为正义的源泉。事实上，在欧洲历史上的很长一段时期内，政府的两大职能一直被认为是指挥战争和司法审判。即使在现今社会，当政府职能已被延伸至过去几百年间闻所未闻的领域，政府仍然主要依据法律制度来处理国内事务，至少表面看来是这样，即使是在处理国际关系时，各个国家也都宣称自己是在依照国际法法规办事，并遵照法律形式开展外交活动。

　　毋庸置疑，在现今所有具有一定规模的人类社会中，都存在着某种形式的法律，但是当然，并不是所有社会都将法律形式和法律程序置于同等重要的地位。我们常常会想当然地以为法律主义是存在于全世界的自然现象；但事实上，只有某些形式的人类社会才具有这样的特点。

　　在法律一直受到重视的地方，法律也并非只有同样一种形式。法律思想体系，又称法律传统，可被分成不同的派别。法律传统并不是以国家的地理界线为界，所以，不同的国家可能拥有同样的法律传统，而在同一个国家，则可能有不同的法律传统在发挥作用。专家学者对这些法律传统进行了详细的分门别类。因此，宗教法系，比如印度法系和伊斯兰法系，就和起源于政教分离社会的世俗法系有很大的不同。约翰·威格摩尔，一位著名的美国学者，写过一本已被遗忘的书，书中划分出了至少16种法律传统；今天，大多数学者划分出的类别都会比这个数字少一些。无论这些划分方法多么有争议，大多数学者都会同意：欧洲产生了两种截然不同的法律传统，它们的影响已经遍布世界上

并不是所有社会都将法律形式和法律程序置于同等重要的地位。我们常常会想当然地以为法律主义是存在于全世界的自然现象，但事实上，只有某些形式的人类社会才具有这样的特点。

在法律一直受到重视的地方，法律也并非只有同样一种形式。法律思想体系，又称法律传统，可被分成不同的派别。法律传统并不是以国家的地理界线为界，所以，不同的国家可能拥有同样的法律传统，而在同一个国家，则可能有不同的法律传统在发挥作用。

大部分地区。两者中起源于公元前数百年前、较为古老的一种是罗马法传统，它很有歧义地被称作民法传统（civil law tradition）。之所以有此得名，是因为这曾是关于罗马公民事务的法律。相对来说历史较短的则是普通法传统（common law tradition），这一传统源于诺曼征服前的盎格鲁-撒克逊时期，在800年前的英格兰得到发展。

　　法律传统是社会文化的一个方面，需要和一个国家的法律体系区分开来，法律体系指的是某一时期在某个特定社会中起作用的一套规则，以及与之配套的机构。可以根据其从属的传统不同，而将法律体系分为不同的派别。这样，澳大利亚和新西兰的法律体系就属于普通法传统，而意大利和联邦德国的法律体系则属于民法传统。法律体系通常是一个领土国家的特性，因为这已经成为现代社会中政治组织的一个正常组成部分。但是，法律体系也可以为其他形式的政治组织所有，比如基于《罗马条约》成立的欧共体。和现在相比，法律在过去更常被认为是属于不同群体的人，而不是领土国家；所谓的属人法的概念（法律属于人而不是领土），体现在《圣经》里"照玛代和波斯人的例是不可更改的"，这里可以举一个早期英国的例子，西撒克逊人的法律。一个现代的例子则是天主教会法，它适用于所有虔诚的教徒，无论他们身在何方、家在何处。在今天的许多第三世界社会里，仍有多种多样的习惯法适用于不同的部落，比如非洲西部的阿善提人，他们隶属于更大的领土国家——现代的加纳，这是一个人为形成的实体，其边界打乱了很多部落的界限。即便是英国的法律体系，在诸多的限制条件下，也允许人们像带多余的衣物那样把法律也带来带去。一对在巴黎完婚到英国旅游度蜜月的法国夫妇，并不是从他们在英国的多佛港下船时起就生活在罪孽中。他们像带着自己的行李一样，也随身携带着他们作为已婚夫妇的合法身份。

法律体系并不是凭空出现的，它有自己的历史，反映着人们的意识形态，并被随着时间不断发展、由文化和政治力量塑造成型的社会组织机构加以利用。一个法律体系中使用的概念和范畴可能是十分现代的，比如劳动法中的"不公平解雇"，或者税法中的"资本利得税"。有些概念也可能非常的古

> 法律体系并不是凭空出现的，它有自己的历史，反映着人们的意识形态，并被随着时间不断发展、由文化和政治力量塑造成型的社会组织机构加以利用。

老，比如出现于19世纪的"预期违约"的概念。还有一些极古的概念，比如"谋杀"或"过失杀人"，或者"信托"这一概念。这些概念并非是由律师在突然之间发明出来的，无论现在还是在早些时候，这些概念都首先是作为思想体系中的一部分，存在于法律界之外的社会大众文化中，为人们使用——法律体系正是从社会大众文化中衍生发展出来的。因此，律师使用的专门术语，都来自于也是法律起源的社会中的普遍思想观念，但是这些语言和概念一旦被律师提炼出来，就会固定下来，成为特殊的法律用语。

一个国家的法律体系就像其建筑或音乐，是一种文化现象，因此，将法律体系分门别类，归入不同的法律传统的过程，就是一个把拥有共同的基本思想理念和具有某种程度的文化同一性的法律体

系集合在一起的过程。法律体系之所以会呈现出文化同一性，当然是因为它是历史的产物。

法律体系在某些方面类似各种人类语言，而法律传统在某些方面则类似于各种语言分属的不同语系；比如，意大利语、西班牙语和葡萄牙语同属于罗曼语族，都源于拉丁语或斯拉夫语，具有共同的特点。法律体系和法律传统都在另一方面和人类语言相似：它

> 法律体系在某些方面类似各种人类语言，而法律传统在某些方面则类似于各种语言分属的不同语系。

们为人类从错综复杂的生活中理出头绪提供了方法。语言使我们能够在生活中彼此交流——讲故事、夫妻斗嘴、给予指导等。法律体系和传统的功能则更为有限；它们是律师履行其特殊职能，如运用法规解决矛盾和冲突、重建社会生活中的秩序的工具。

在同属某种法律传统的不同法律体系之间，具有相互的可理解性。一位移居加拿大的英国律师（只要他移居的目的地不是魁北克，那里的法律传统与英国有所不同），尽管他对加拿大的联邦法律和州法律都没有什么详细的了解，但是他在理解加拿大的法律资料和听取一场关于加拿大法律的辩论的过程中，不会遇到任何困难。甚至只需稍作努力，他就可以成为一名加拿大律师。但如果他移居到一个法律传统不同的地方，比如魁北克，或者法国或伊朗，作为一名律师，他可能就会感到十分困惑，即使他的法语和伊朗语都讲得很好。他会发现，自己所处社会中的法律思想，对他来说是极为陌生的。

西欧这两种法律传统是在中世纪时期发展起来的，尽管民法传统在古代世界有着更为悠久的历史。由于中世纪欧洲大都共享一个共同的基督教文化和共同的书面语言拉丁语，没能形成一个单一的法律文化多少有些让人惊异。但不管怎样，英国的普通法传统，基于一些没有被完全理解的原因，确实抵制住了一体化的压力。

法律传统的迁移

法律传统可以在世界范围内自由迁移，因为没有人能够决定迁移是否发生，而法律传统也不能人为故意地引进或输出。就普通法传统而言，在相对较为现代的时期，传播到了曾处在大英帝国殖民统治下的世界上的许多国家和地区。比如，作为其中的代表，澳大利亚、加拿大、美国的多数州、加纳、尼日利亚和印度，都引进了普通法传统，或是被动地任其强加于本国。帝国主义时期存在着一种信念，即将普通法的福音传播给不幸的人们是大英帝国的一项使命，这种观点在后殖民主义的今天看来是相当荒谬的。在这些作为输入国的许多国家中，普通法被允许和其他法律传统并存，比如印度的印度法，或者加纳的芳蒂习惯法。这部分是因为，要想完全取代当地的法律传统是十分困难的；另外一个原因则是对土著文化的尊重。还有一个因素，就是间接殖民法则理论，这一理论认为，土著的组织制度应该被保存下来。尽管大英帝国最终瓦解了，但是

> 法律传统可以在世界范围内自由迁移。

普通法却保存了下来。这一点反映在下面这样一个事实中：英国法庭的裁决，在今天的一些英联邦国家中，依然被视为法律的一个重要来源。

共同法的扩张理论是说，在不存在高度发达的土著法律体系的领土上（像澳大利亚），殖民者带去的普通法符合当地的实际状况。这种法律理论，使随后将会出现的情况合法化。在被割让或被征服的土地上，比如在尼日利亚或印度，如果存在某种土著法律体系，这种土著法律通常会继续有效，除非通过立法或由皇室正式颁布施行普通法。但对于像澳大利亚土著或北美印第安人那样，被认为没有法律或法律欠发达的土著来说，扩张理论不太会考虑他们的利益，殖民者会粗暴而苛刻地对待他们。有些土著居民被允许在居留地内保留自己的法律体系，有些土著居民则不被允许。目前，在所有实行普通法的国家和地区，原住民的法律权利，特别是土地权利问题，经常是诉讼的一大热点，一个好的迹象是，原住民已经在重获其在欧洲移民过程中被践踏的权利方面取得了一些胜利。

在接受了普通法的一些国家和地区，比如美国的大多数州，普通法已经衍生出了一些特殊的性质，甚至有可能最终演变成为另外一种完全不同的法律传统，尽管现在还没有出现这种情况，实际上，这只是一个程度问题。在普通法的世界中，尽管存在各种不同的具体的法律制度和法律程序，但是许多基本理念都是一致的，比如法律制度和司法体

> 在普通法的世界中，尽管存在各种不同的具体的法律制度和法律程序，但是许多基本理念都是一致的。

系应该如何发挥作用，司法论证应当如何开展和表述，律师和法官
应当怎样履行自己的职责、怎样认识自己在社会中扮演的角色，以
及用什么样的法律语言来表述法律思想。普通法和民法两种不同的
法律传统之间，不存在这样的共通之处。一位来自非洲科特迪瓦共
和国的著名律师，曾对我信誓旦旦地宣称，尽管他是在法国文化中
长大的，但他完全了解英国人的问题。英国人没有法律体系，只是
给人造成一种虚幻的假象他们有，就好像尽管他们也吃着经过加工
的有营养但是很糟糕的食物，那些加工过程可能和真正的烹饪相混
淆，但实际上英国人没有任何烹饪技术可言。他告诉我这些话时，
口吻温和而真诚，就像在向一个朋友讲述他有口臭的毛病，或者忘
了戴假牙；他并不是在开玩笑。法国的律师不太会拿法律开玩笑，
就像他们不会拿烹饪这样严肃的事情开玩笑一样。

民法传统

据史料记载，罗马建于公元前753年；早期的政府体制是君主
制或领袖制，早期的法律安排，除了公元前451—前450年间出现
一部早期法典（即《十二铜表法》）外，我们一无所知——这是教
士享有的秘密特权。君主制政体之后是共和制政体，随后，罗马帝
国建立，习惯上是从公元前27年即奥古斯都时代开始算起。大多数
人，即使对这段历史所知甚少，也会知道罗马帝国衰亡了，并认为
其衰亡与性有关。英国历史学家爱德华·吉本选择的书名（《罗马帝

罗马帝国令人震惊之处并不是它衰亡了，虽然事实上它确实是衰亡了，而是它持续了相当长的一段时间。

国衰亡史》），是对历史的极大扭曲。罗马帝国令人震惊之处并不是它衰亡了，虽然事实上它确实是衰亡了，而是它持续了相当长的一段时间；拿它和短命的大英帝国相比，大英帝国刚刚建立不久就瓦解了。因此，在西欧，罗马帝国直到公元5世纪才失去其控制力。比如在英国，罗马军队在大约公元410年撤离，罗马—不列颠文化，包括罗马法律也随之消失，留下的只有道路、废墟、城址和地名。而在其他地方，比如法国南部，罗马文化从来没有真正消失过。在东欧，直到1453年，奥斯曼土耳其人占领了拜占庭（君士坦丁堡，伊斯坦布尔），罗马帝国才最终灭亡。因此，罗马法律下的罗马帝国，持续了很长时间。

在公元前312年前后，一位罗马人弗拉维乌斯，打破了教士对法典的垄断，直到公元280年，罗马文明孕育出一部极其详细复杂的私法。私法（private law）处理公民之间的关系，而不是公民与国家之间的关系。私法是一部世俗法律，并不是以任何神学或宗教作为基础，而是完全基于内在的理性。在这部法律的发展完善过程中，发挥作用的既不是政府官员、立法委员，也不是法官、律师，甚至也不是法学教授，而是取代了教士的法学家。有一位法学家极其受人尊敬，罗马元老院甚至在阿庇亚大道上赐予他一幢免费的房子，以便人们咨询，他就

私法是一部世俗法律，并不是以任何神学或宗教作为基础，而是完全基于内在的理性。

像拳王阿里一样，被誉为"最伟大的人"。
一位律师能获得如此高的地位，这在今天是
不可想象的，这也反映出法律在罗马人的思
想中占有多么崇高的地位。

> 一位律师能获得如此高的地位，这在今天是不可想象的，这也反映出法律在罗马人的思想中占有多么崇高的地位。

　　在现代社会，没有和罗马时期的法学家
相对应的职务。我们可以首先来看一下法学
家不是什么。他们不是法官，法官的工作是由不懂法律的外行人来
做的，他们由案件的双方选出充当审判者。法官要用法学家们制定
的法律对有争执的问题做出裁决，争执的问题则由执政官（一位国
家官员）以疑问的方式提出。法学家也不是像西塞罗一样在法庭中
发表演说的辩护士，在他们眼中，辩护士言语粗鄙，随时准备在他
们的委托人面前胡说八道。法学家属于富有的贵族，他们不是庭辩
律师，而是法律顾问，他们写下大量关于法律的著作，不是为了金
钱，而是为了在一个尊重法律的社会中获得荣誉和声望。也有一些
法学家，比较热衷于参与公共生活，比如法学家乌尔比安，他在3世
纪早期曾任约克的提督。可怜的乌尔比安并没有得到善终，公元223
年，他被禁卫军杀害，但在涉足危险的政界之前，他写下了许多法
学著作，他的一些法学观点一直流传至今。其他法学家也留下了一
些不朽的著作，比如大约生活在同一时期的帕比尼安和保罗，这两
位法学家都以曾到过英国而出名。此外还有很多其他的法学家，像
因建立了萨宾学校（可能是一所思想学校）而闻名的萨宾努斯，还
有他的对头普罗库勒斯。

法学家们曾运用多种文学形式来表达他们的法学观点，比如释疑解答集（对一些问题的回答）、法令注释，或是对其他法学家著作的注释，但是几乎所有这些著作的正文部分都已遗失，鲜有例外。

在曾经浩如烟海的法学著作中，只有一少部分以一种奇怪的方式流传下来。法学家们曾运用多种文学形式来表达他们的法学观点，比如释疑解答集（对一些问题的回答）、法令注释，或是对其他法学家著作的注释，但是几乎所有这些著作的正文部分都已遗失，鲜有例外。只有一些片段节选，通过6世纪早期由拜占庭帝国查士丁尼大帝下令编纂的《民法大全》保留下来。

查士丁尼是位野蛮的统治者，至今人们仍可在意大利的拉文纳看到他的马赛克画像。他的帝位差点被一群支持马拉战车比赛的流氓在一次恣意闹事中推翻，此后，查士丁尼一直努力恢复他的声望。他的皇后狄奥多拉曾是位妓女，她意志坚强，在她的怂恿下，查士丁尼放弃了迅速从首都撤离的计划，他首先杀害了大约3万名闹事者，随后开始着手通过声望工程重塑自己的形象。我们今天仍能感受到其影响的一项工程，就是其所建造的气势恢宏的建筑。查士丁尼建造了圣索菲亚大教堂，即使是那些对建筑一窍不通的人，也会从詹姆斯·邦德主演的电影《来自俄罗斯的爱》中熟知这幢建筑；第一次试图建造大圆顶的努力，因其掉落而以失败告终，但是一种新的设计自那以后一直保留了下来；之后，查士丁尼又建了一座清真寺，现被用作博物馆。查士丁尼的另一项声望工程，是法律方面的。他任命了一个法学专家委员会，编纂出当时大量流传下来的法学著作中的法律。这项工作在一位著名法学家特里波尼安的指导下展开，并以极快的速度在公元534年完成，除了一部法典，还包括一部《判例汇编》和一部《法律原理》。《判例汇编》约有80万字，是一部粗略按主题划分的制定法纲要。其编纂方法是剪贴法，也就是说，它完全是由古代法学家的语录组成的法典。然而，所有的语录都被修改过，目的是去除前后不一致或艰涩难懂的地方，不过这一目标事实上并没有实现；不幸的是，我们现在早已无从知晓编纂者做了哪些修改，只能是尽可能地猜测而已。

《判例汇编》中有这样一段话：

> 庞波尼乌斯在他的第九本书中对萨宾努斯的观点做出评论。萨宾努斯认为：如果我要求为我制作某件物品，比如一尊雕像、一件容器或一件衣服，作为回报，我仅仅支付一些钱，这种行为就是买卖行为，而当要求为其制作物品的人不提供材料时，就不存在雇佣关系。但是如果我为你提供建造房子的地皮，情况就不同了，因为最主要的东西是我提供的。

从上面这个例子可以看出，虽然从文本中可以得出一条普遍原则，也可以说是两条原则，即"买卖"和"雇佣"这两个法律范畴之间的差别，但是一个聪明人，很快就能举出一个假设的难以断定属于哪一个范畴的例子。比如，假设一位牙医被雇来补牙，他提供

金子作为填充物 —— 这是一种买卖行为还是一种雇佣服务？当然，这只有在买卖法不同于雇佣法的情况下才有意义，比如在英国法律中，超过10英镑的商品买卖合同需要书面证据，而雇佣合同则不需要。

使用修改后的语录，似乎是一种古怪的法律编纂方式；我们今天的做法是，运用现代简明的语言重现制定法的实质。但是，使用这种方法反映出一种信念，即有着早期古代法学家们的已经灭亡的罗马共和国和罗马帝国时代，属于一个一去不返的法律的黄金时代。通过尽可能地保留这些法学家的原话，查士丁尼任命的编纂者们的成果，也具有了法学家的个人权威。

> 使用修改后的语录，似乎是一种古怪的法律编纂方式，但是，使用这种方法反映出一种信念，即有着早期古代法学家们的已经灭亡的罗马共和国和罗马帝国时代，属于一个一去不返的法律的黄金时代。

《法律原理》是为拜占庭和贝鲁特法律学校的学生们准备的一本为期一年的全面的官方教科书，同时它也具有法律效力，因此，法学学生学习法律的课本本身也是法律。这本书基于一位不知名的法学家，盖尤斯的一部早期著作。盖尤斯的《法学阶梯》写于大约公元150年，原本是一套讲义。它是唯一一部从黄金时代（被称为古典时期）遗留下来未经特里波尼安指导的法律编纂者修改的较为完整的法学著作；1816年，在维罗纳市出现了一份近乎完整的手稿，此后一些缺失的部分陆续在其他地方被发现。

在西欧一些地区，如意大利，即使在脱离罗马帝国的行政统治之后，罗马法律也依然作为现行法律被遵守，尽管在英国等其他地区情况并非如此。但是到了黑暗时代，对古老的文本有直接了解的人越来越少，而文本本身也被遗失了。在东欧，甚至在1453年罗马帝国衰亡之后，各种罗马法律依然有效，比如在希腊，直到20世纪，罗马法律一直有效，尽管是以一种非主流的方式在发挥作用。不管怎么说，幸运的是，在意大利，两部查士丁尼时期的法律编纂手稿被保留了下来，并且在12世纪被重新发现。对于当时的人们来说，就在他们身边、他们可以亲眼见到的象征着高度罗马文明的手稿，深深地震撼了他们，这些古老的文本反映出的法学技能，比他们当时掌握的还要高超精妙。因此，在意大利北部，特别是在博洛尼亚，由教师和学生组成的团体开始出现，去研读和解释这些古老的法学文本。学生们聘请了老师，人们从欧洲各国涌向博洛尼亚去听名师的讲座，其实这才是我们所知的大学的起源。博洛尼亚迅速成为世界法学中心，拥有超过一万名学生，规模比几乎所有现代的法律学校都要大得多，其他一些大学也在巴黎、牛津和剑桥建立起来，在这些学校，老师（而不是学生）掌管一切。法律学校的学习，自然是围绕着对古老文本的阐释展开的——学生们可以对文本进行解释、评论，或是提出更好的整理方案。文本中前后矛盾之处会被找出来，清除出去，一些假设通过辩论来解决。这样一

> 法律学校的学习，自然是围绕着对古老文本的阐释展开的——学生们可以对文本进行解释、评论，或是提出更好的整理方案。

来，罗马法学习主要变成了文本阐释。

随着法律学校的学生在政府、教堂和司法管理机构担任职务，他们也带去了他们在法律学校学到的观念。随之产生的结果就是，原本各地区之间、人与人之间都大不相同的各种欧洲习惯法体系被重新阐释，并被从古老的法律文本中曲曲折折引申出的概念所取代。与此同时，法律变得更为统一。这一过程，以不同的方式在不同的地区发生，被称为接受（The Reception）。它深刻地影响到大部分欧洲国家。比如法国，曾有数百种不同的习惯法体系，像巴黎习惯法和奥尔良习惯法，最终则只剩下跟罗马法存在极强衍生关系的法国法。具有超国家意义的天主教（亦称"公教""罗马公教""旧教"），也开始由接受过法律训练的毕业生执掌，这也许就是为什么在今天看来有时它的态度是墨守法规的。运用从民法中衍生出的不同思维模式，教士们发展了天主教法，又称教会法，适用于整个基督教世界，以及在教会管辖权限内的事务。接受的全过程基于一种信念，即古老的法学文本，在正确理解的基础上，本身即提供了理性地解决人类关系问题的途径，这些文本也被称作"书面理性"。

> 古老的法学文本，在正确理解的基础上，本身即提供理性地解决人类关系问题的途径。

以上就是除英国以外的欧洲，如何发展形成了共同的法律文化。事实上，罗马法被叫作公共法，或欧洲的普通法，这样的叫法容易让人感到迷惑，因为我们喜欢把普通法这个术语用于特指英国法。

普通法的历史起源

　　衍生出普通法传统的英国法律体系的发展过程，与罗马法有着很大的不同；它并非起源于某种文本，而是在通过行动表现出来的传统中产生的。它最初的形式，是王室法庭在解决与君主直接相关的冲突和争端时使用的习惯法。起初，王室法庭仅审判较为严重的罪行（称为王室诉讼），包括那些被视为损害了王权稳定、王室和平和王室财产的行为，以及其他牵涉直接隶属国王的封建佃农的争端。诺曼人的封建制度，实质上是一种军事体制，作为领袖，国王必须保证他的臣民和平相处，这一目标通过王室法庭来实现。英国还有许多其他法庭，各自都有自己的习惯法。比如，有等级较低的地主为他们的佃农设立的法庭，有庄园法庭，还有专门的农奴法庭。供王室狩猎的森林也有专门的法庭管理，执行森林法，德文郡和康沃尔郡的矿工则有自己的锡矿法庭。各县、郡、区都设有法庭，大学和教堂也迅速发展出自己的法律体系，依照教会法处理思想问题。因此，英国的法律多种多样，而法律也就意味着传统习惯。

　　王室法庭（royal court）所指的不是一幢建筑，而是指王室的所有成员，以及王宫内的厨师、雕刻工匠、弄臣和专职教士，其中有些教士是受过教育的，当时教堂是最先接受先进文化的地方。到了亨利二世时期，一些教士专门负责法律事务，代表国王进行司法管理。这些教士因此而具有了王室的权威，成为国王的代表。正是由于这个原因，如果有人杀害了高等法院的法官，就是叛国，可能被绞死、淹死或肢解，这种行为已不单纯是谋杀，因为被杀的人代表的是君主，弑君是叛国，而不是谋杀。这些教士的权力等同于法官，凌驾于诉讼当事人之上，而不仅仅是在诉讼当事人许可的范围内行使权力。他们既不是仲裁人，也不是公断人或调解人，而是法官。

和各国官僚一样，这些教士建立了正式的庭审程序，使用标准化的书面文件，就像今天申请护照和进入大学时用到的表格一样。特别是他们还使用了令状（即以国王名义发布的正式文件），以启动司法程序，如召集陪审团。很快他们就开始保留卷宗，通过在牛皮卷上书写来记录案件审理的正式程序和审判结果。从实质上来说，是作为一个口头传统保留下来的这些教士的实践行为，构成了英国的普通法，普通法对于全国范围内每一个适用的人来说都是触手可及的。亨利二世在位期间，有一位名字不确定的教士受到启发，写了一本关于他们这些实践行为的书。这本书被称为格兰维尔的

> 从实质上来说，是作为一个口头传统保留下来的教士的实践行为，构成了英国的普通法。

《论英格兰王国的法律与习惯》，不过格兰维尔并不是这本书真正的作者，他是一位高级王室法官，有可能是该书的赞助人。作者在书中解释了什么是备忘录，尽管备忘录不完整，但对开展下一步骤可能是有用的。作者也表明，在他当时的年代，没有人能够完整地记录下在英国领土范围内有效力的所有法律；也不可能有人知道所有的法律。尽管这本书还有欠缺之处，但在当时的欧洲，没有任何其

他一部著作可以与之相媲美。

在罗马法研究复兴以前，完备的王室习惯普通法已经建立，受到强大王权的支持，并由受过教育的法学专家进行管理，这也许就是英国人抵制接受罗马法的主要原因。

在接下来的几个世纪中，普通法体系经过几个重要的发展阶段之后，不仅范围进一步扩大，性质也发生了改变。起初，这种延伸仅表明，普通法不单单是在某个特定时期巡回王室法庭出现在某个特定地方时才存在，其效力遍及英国的每一寸领土。通过法官被派往全国各地，就像今天四处变换地点的流动图书馆和输血站一样，普通法成为无处不在的法律。随着时间的推移，皇家法院的扩张表现在另一个方面：它开始取代其他法院履行其职能。皇家法院的法官，不仅有权划定其他法院的审理权限，他们甚至还独霸了司法审判权，也就是说，他们偷办其他法院的案子，这或许是因为诉讼代理人希望把案子交给皇家法院，也可能是因为法官可以靠赚取诉讼费来赚钱。这样一来，普通法的司法权限就扩大了，与之相应，其他法庭的司法权则相应地缩小了。

这一扩张过程一直持续了许多个世纪。比如，在16世纪，普通法只用来处理由口头约定引起的纠纷，而到19世纪，婚姻案件也归入其管辖范围。许多奉行其他法律的法庭，直到近代还一直存在着，就像牛津大学的民事法庭，已故的前英国首相哈罗德·麦克米伦曾因给裁缝付账问题而在这里被起诉。极个别法庭，直到今天仍然存在。但是历史的大趋势一直没变，直到现代。这一切产生的结果就是，普通法似乎成了国家法，即我们所说的王法，这也是今天普通法律师眼中的普通法体系。到了现代，由于普通法体系之外法庭的极大发展，以及政府公务员获得了广泛的司法职能，这一过程在很大程度上得到了逆转。但是，我们仍然倾向于将普通法体系视作唯一的法律体系。

普通法的扩张，并不是通过司法人员的大幅增加来实现的，而是通过治安法官处理大量的刑事和行政管理案件，以及由本地非法律专业人士组成的陪审团处理部分诉讼案件来实现的。陪审团制度成为典型的审判制度，而古代较为神秘地依赖于神灵的制度，比如神明裁判和决斗，则消失了。少数专家律师的工作是研究法律，而大量没有薪酬的非法律专业人士则被招来处理案件事实。到19世纪时，通常只有12位专业的普通法法官；一直到近代，随着民事案件越来越少地使用陪审团，专业法官的人数才急剧增加。

普通法体系的性质，在两个方面发生了重要的变化。第一个方面是世俗化：普通法从宗教中分离出来。最初的法学专家都是教堂里的牧师，因为只有教堂才能提供各级教育。1300年前后，出现了一小批专业的律师，这也是欧洲唯一一部分受过教育的非宗教法律专业人士。到14世纪，这些律师中的一部分人被任命为法官。他们参照大学的教育方式，迅速发展起与之

普通法体系的性质，在两个方面发生了重要的变化。第一个方面是世俗化。

不同的自己的教育体系，在伦敦组织形成了律师公会。这种独立的法律教育体制，也把普通法和民法分离开来，在牛津大学和剑桥大学接受教育的神职人员学习的是民法，而在伦敦的律师公会，用诗人斯宾塞的话来说，勤奋好学的律师有他们精致的卧室。律师公会逐渐被人们视为普通法的高等学府，在伦敦，没有任何一所大学能够与之相匹敌。

第二个方面的变化在于，法官不再仅仅局限于管理案件处理的程序，而是开始控制决定案件该如何审理的实体。这在案件依靠神的意志来处理的时期，即通过神明裁判、决斗和誓证来进行审判的时期，是放肆而荒

> 第二个方面是，法官不再仅仅局限于管理案件处理的程序，而是开始控制决定案件该如何审理的实体。

谬的。但当陪审团进入司法程序后，法学专家感觉到，与这些非专业的法律外行相比，他们自身要更清楚运用什么标准去解决纠纷。因此，法官们在从仅仅控制程序，向发展为我们今天的实体法转变的过程中，迈出了重要的一步。

这一转变过程，是由特别诉辩的发展成型而引起的，特别诉辩（special pleading）是在审判前为确定纠纷内容而特设的诉辩和反诉过程。诉辩也可以是笼统的、一般的。例如，在审理一件谋杀案的刑事法庭上，控方会宣称被告杀害了某人，被告既可以表示同意（认罪答辩），也可以通过无罪抗辩提出异议。这里的诉辩是一般诉辩：只是笼统地否认指控，并没有具体指明争议点在什么地方。比如，被告可以宣称死者是自然死亡，但是这一点不会在抗辩中体现

出来。而主要从民事法中发展而来的特别诉辩，则有这种缩小争论范围的功能。仍以上文所说为例，在特别诉辩过程中，被告可能会承认他故意杀害了被害人，但是为了逃避法律责任，他又指出自己是死刑执行人，而被害人是死刑犯。如果控方回答被告所言纯属胡言乱语，我们就在案件进入审判程序前缩小了争论范围。在民事案件和极少数刑事案件中，法庭发展了特殊诉辩制度，在案件交至陪审团裁决前明确纠纷的内容，从而把由陪审团决定的事实问题和由法官决定的法律问题区分开来。通过对法律问题的决定，法官能就规范诉讼决议的实质原则，逐步建立官方的专家意见。这样，实体法就发展成为一种约束陪审团作为人民法庭的自由裁量权的机制。

例如，有两个人签订了一份合同，其中一个人拒绝履行合同，因为他宣称履行合同已经变成不可能的事情，他需要赔偿另一方的损失吗？整个这件事可以交给陪审团来决定；如果这样做的话，我们可以得到一个决定结果，但是在不可能性作为辩护理由和违反合同二者的相关性上，这件案子不会产生出一条法律规定。我们最终得到的只是一个这样或那样的陪审团的决议，而除了他们自己，任何人都无法得知为什么会做出这样的决定。相反，假设允许被告通过特殊抗辩先承认没有履行合同，但附加说明履行合同已经是不可能的事情，原告可能会同意被告所说是事实，但在回应特殊抗辩时表明，他认为被告陈述的不可能性，不能作为辩护理由。这样一来，通过诉辩和反诉，我们就将"违反合同时不可能履行合同能否作为辩护理由"这一抽象问题分离了出来。这一问题也就成为双方争议的焦点，这样我们也就可以将这一问题移交给资深法官来决定。事实上，诉辩制度在靠专家意见解决的法律问题，和靠非法律专业人士的常识解决的事实问题两者之间，画出了一条分界线。

对于普通法律师来说，实体法就是法官根据既有的法学传统回答法律问题的方式。简单来说，确立了人们的权利、义务和责任，

> 实体法就是法官根据既有的法学传统回答法律问题的方式，而实体普通法的创立，就是律师把原本可能由未经专业法律培训的人依靠常识解决的问题接管了过来。

以及建立了职责、可得宽恕、正当理由和辩护结构体系的实体普通法的创立，就是律师把原本可能由未经专业法律培训的人依靠常识解决的问题接管了过来。随着时间的推移，其他各种程序机制经过演变也开始区分法律和事实。

普通法的中心属性

任何两个作者在列举普通法传统的属性时，多数情况下都会出现分歧，但是大多数人也都会同意一点，就是普通法的决疑属性。对于民法律师来说，法律的基础是文本；对于普通法律师来说，法律的基础是案例，就算他要应对的是法律条文，这一点也不会改变。他所关注的不是法律条文的内容

> 对于民法律师来说，法律的基础是文本；对于普通法律师来说，法律的基础是案例，他们所关注的不是法律条文的内容是什么，而是法庭对该条文的理解是什么，或者说可以有什么样的理解。

是什么，而是法庭对该条文的理解是什么，或者说可以有什么样的理解。这种以案例为中心，一直都是普通法的典型特点。数百年前，当乔叟试图在《坎特伯雷故事集》中描述一位高等律师时，他只给了这位律师一件武器：

> 对于自威廉国王时代起所有的案例和裁决
> 他都烂熟于心

在较近代的一首关于老威廉爸爸的诗中，他这样讲述了他的年轻时代：

> 当我年轻的时候研究的是法律条文，
> 对于每个案子，都拿来同妻子辩论，
> 因此我练得下巴肌肉发达，
> 这使我受用终身。

诗中描写的一切都未曾改变：今天，普通法的法律学习，依然以分析研究成千上万送交法庭裁决的案件、真实生活片段和剖析法官的断案方式为中心。在美国，判例教学法这一整套的法学教育体系（这在电影《力争上游》中有所体现），就是建立在"从例案中可以得出深层次的法律原则"这一认知的基础之上。法律教育和法律学习中的很大一部分乐趣，就来自于出现在法庭诉讼中各种离奇的故事，以及努力寻找合理的解决途径的过程中。

比如说，有这样一个案例，布鲁是英国一头体积最大、资历最老的大象，正当它在马戏团中表演时，一只博美犬误闯了进来，狗的出现让布鲁感到不快，事实上它受到了惊吓，于是它踩到了英国个头最小的侏儒身上。马戏团的所有者应该做出赔偿吗？在另一个案例中，一位患有忧郁症的法官，投入坎特伯雷的诗朵河自杀身亡，当时的法律规定，生前犯杀人罪的人，其财产要被王室没收，那么案例中的法官是生前犯的罪，还是死后才犯的罪呢？

普通法的法律学习，依然以分析研究成千上万送交法庭裁决的案件、真实生活片段和剖析法官的断案方式为中心。

法律教育和法律学习中的很大一部分乐趣，就来自于出现在法庭诉讼中各种离奇的故事，以及努力寻找合理的解决途径的过程中。

这是发生在16世纪的案例，曾让莎士比亚也感到好笑；这件事真实地发生过，并牵涉坎特伯雷的赫斯家族，从当地教堂的一个纪念馆的记录中可以看到，这个家族的成员经常选择溺水自杀。举一个美国的案例，一个人由于另一个人的疏忽，行将死亡，在濒死的过程中，却被第三个人不小心用电击死。究竟是谁导致了死者的死亡？谁该负赔偿责任？假设在一次猎鸟中，你可以指证两个人中有一个人射伤了你，但是无法证明是哪一个，而这两个人又都对此守口如瓶。是这两个人应该分摊医疗费用，还是因为你无法证明哪一个人射伤了你所以索赔诉讼败诉？再比如，根据一份遗嘱，遗产继承人应该"坚守英国国教教义"，究竟什么是英国国教教义？有办法讲清楚吗？难道教义的含糊不清正是英国国教的伟大之处吗？一个人怎样证明他坚守了教义？刑法更是充满各种古怪的案例。如果一个蓄谋已久的科尔切斯特强奸犯，带着梯子，脱去了除袜子以外的所有衣物，爬到了一个女子的卧室窗前，这时他是有犯罪意图的，但是接下来，令他吃惊的是，他的目标受害人却张开双臂对他的到来表示了欢迎，因为她把这名强奸犯错当成了她的男朋友（她的男朋友经常以这种方式光顾），那么这名强奸犯能够被指控为入室盗窃吗？如果在船只失事之后，两个十分饥饿的水手将一个濒死的男孩杀死，并当作食物吃掉，这种行为是谋杀吗？还是只是为了获得营养？如果有人在选举中以一个已经去世的人的名义投票，他能被指控为"冒充有投票权的他人投票"这一法定罪行吗？因为死者理所当然是没有投票权的。如果一名妓女在临街房子的床前招手，她犯了当街拉客罪吗？如果她不是在街上拉客，那么为什么是街上的行人受到了引诱？在普通法律师眼中，法律正是产生自对上述这些棘手的案例做出的裁决。法律是由一条条的规范组成的，所有的案件必须且正是根据这些规范做出判决，而规范并没有唯一正确的语言表述形式。普通法不是文本，像这样的说法是有道理的，因为普通法总是随着案件在变，而你永远不可能从一个个的案例中确切地知道它是什么。

　　普通法的决疑特性，决定了它是在解决随时随地发生的具体问题的现实中发展起来的，而不是脱离事情发生的场景，纯理论地发展。普通法有各种琐碎的细节，但是在普遍原则方面却显得有些薄弱。过去，普通法产生的最主要途径是法庭，不像民法是在大学中产生的。直到极为近代的时期，普通法才开始在大学里被人们学习和研究。随着中世纪律师公会教育体制的没落，普通法的教授主要是通过学徒制度来实现，学徒制度虽然与实际联系紧密，但

> 普通法的决疑特性，决定了它是在解决随时随地发生的具体问题的现实中发展起来的，而不是脱离事情发生的场景纯理论地发展。

也不免单调乏味。这种制度带来的结果，就是普通法理论的贫乏和极其没有条理性。作为普通法最重要的理论成果的土地产权法，曾被克伦威尔描述为一团乱麻——克伦威尔的话也是有几分道理的。

在过去150年里，普通法在一批使法律系统化的作家（这些人在现代社会可能是大学里的学者）的努力下，逐渐变得比较有条理，不过有时难免还是会有些混乱不清，至少在民法律师看来是这样。和缺乏系统性紧密相连的，就是模糊性。普通法是从一个个案例中发展而来，因此，它以法庭为中心；庭辩律师和高级律师只起辅助作用，法官在整个法律体系中处于最上层，他们代表法律的神谕，并且人们在传统上认为，法官已将法律烂熟于心。英国的法官是从能言善辩的高级律师中挑选出来的，因此，法官也就不可避免地将其得以在律师界取得成功的一些品质带到了法庭中。这些品质中，并不是所有的都值得赞赏：从最坏的一面来看，法官可能会变得傲慢、虚荣、以自我为中心，或者无法从宏观角度去把握法律在社会中发挥的作用；从好的一面来看，普通法法官语言表达十分流畅，能够迅速从千头万绪的事实中理出头绪，并找出切实可行的解

决方案。英国法庭的优缺点，正反映了律师界的优缺点，或许也可以说是反映了普通法的优缺点。

法律的历史属性

法律体系是逐渐发展形成的，而不是一朝一夕就制定而成的，与法律体系紧密相连的是既有的传统及对现在的做法应当以过去的做法为基准的认知。没有对传统的忠实，法律也就变成了单独个例的混乱组合。

尊重先例，在维持法律的稳定性、使法律客观化从而避免法官随心所欲，以及通过法律面前平等对待以实现正义等方面，发挥着重要作用。

　　法律体系是逐渐发展形成的，而不是一朝一夕就制定而成的，与法律体系紧密相连的是既有的传统及对现在的做法应当以过去的做法为基准的认知。没有对传统的忠实，法律也就变成了单独个例的混乱组合。对这种传统性的正式表述是，遵循先例原则，对此律师和理论家们已经有过很多解释。先例原则是指对与过去案例不存在太大差异的当前案例的裁决，应遵循在过去案例中所做的决议，除非判决结果显得十分荒谬可笑。尊重先例，在维持法律的稳定性、使法律客观化从而避免法官随心所欲，以及通过法律面前平等对待以实现正义等方面，发挥着重要作用。尊重先例也可以和对法庭等级的认同结合起来：低一级的法庭必须接受和遵守高一级法庭先前办理的案例，整个法律体系事实上也正是这样运转的。

　　所有这些，似乎都给法律穿上了一件紧身衣，将其牢牢地禁锢在传统中，因为从先例的角度来看，任何时期的法律似乎都是历史的产物。但即使在最为保守的时期，情况也不完全如此。无论人们对先前的案例多么尊重，先例还是给人们留下了许多辩论的空间。例如，早期的案例只有在情况在所有方面都非常相似时，才应对后来的案件产生约束力。正如我们所看到的，这一点可能存在争议。比如，律师可以就明确宠物狗的不良行为责任的判例法是否适用于宠物猫的独立侵权行为责任展开辩论。猫究竟是否在各个相关方面与狗相似呢？一个著名的司法意见，就是在涉及这一颇具娱乐性话题的例案的启发下产生的，其中有这样一句名言："伟大的议员们，我看不出猫和狗之间有什么区别。"此外，早期案例究竟决定着晚期案例裁决的哪些方面，关于这一点的解释也是模糊不清的。一份关于恶意杀人罪行（总检察长诉史密斯案）的著名现代裁判文书，就是这样一个例子，文书中所写的案件司法意见的糟糕程度，到了骇人听闻的地步。

　　上述问题或多或少都是不可避免的，是基于先例基础上的法律体系所固有的。但是一直以来，与尊重先例并行存在的还有两种与之矛盾的观点，律师都程度不同地对这两种观点表示了支持。第一种观点认为：从物质上来说，世界在变，人们的信仰和态度也在变，法律也应当随之改变。第二种观点认为：人们过去是这么做的这一事实本身，似乎无法保证过去的做法就是无懈可击、无可辩驳的；也许过去的做法在当时是愚蠢的，在现在仍然是愚蠢的。司法裁判

> 世界在变，人们的信仰和态度也在变，法律也应当随之改变。人们过去是这么做的这一事实本身，似乎无法保证过去的做法就是无懈可击、无可辩驳的。

就一定经得住理性辩驳吗？这些观点，显然是和尊重先例不一致的。这也给我们提出了另一个难题。如果我们将尊重先例视为确保法官在法律约束下无法随意编造法律的一种方式，随时更新法律使其合乎理性就显得有些不太恰当。因为这样一来，想要保持理性、跟上新形势的法官，就可能显得是在玩弄法治理想。

数百年来，不断有人试图解决我们对法律程序本质和其与法治关系本质的认知中存在的显而易见的矛盾，但却从未有人真正解决过这些问题。因此，我曾提到过的大量哲理性著作都在讨论司法裁判的理论问题，尽管都没有得出明确的结论。解决这些难题的一种传统途径，就是把法律看作隐藏在案例中的深层理性原则。这些深层原则是永恒不变的，尽管随着世界的改变以及人们对这些原则的真正含义有了更正确的理解，它们在现实中的应用可能也会发生变化。先例只有当揭示出这些深层原则时才是有意义的，如果先例没能反映出这些原则，也就不具备任何效力。然而，怀疑论者则质疑这些假想的深层原则不过是虚构出来的。在他们看来，这些原则和"神用奥秘行动"之类的命题并没有什么区别，人们关于上帝的信仰（上帝是全知全能的）在本质上是自相矛盾的，怀疑论者宣称，这一命题的功能在于调和信仰自身的内部矛盾，以及信仰与人类居住在一个由上帝创造出的恐怖世界中这一现实之间的矛盾。

法与衡平

事实上，法律体系注定要一直与各种矛盾作斗争——它需要不断努力调和各种相互冲突的需求。法律体系必须保障社会稳定，同时又必须随时适应新形势的要求，在社会发生变化时适时做出调整。法律体系自身的

> 法律体系注定要一直与各种矛盾作斗争——它需要不断努力调和各种相互冲突的需求。

特点，决定了其在制定普遍原则的同时又必须允许例外情况存在，比如当盲目遵守一般规则只会产生不公正不合理的结果，或者法律中存在的盲点被人利用出现荒谬的结果时，就要允许例外情况的出现。普通法体系在应对上述问题时，采用了一种很特别的方式，即在处理普通法案件的普通诉讼法庭、王座法庭和财政法庭之外，又发展出大法官法庭，专门处理衡平问题。今天，我们可能会期望导致大法官法庭出现的某些问题能够通过议会立法来解决，但在当时并不存在议会立法这种体制，而且即使在现今社会，立法也还没有发展到可以解决所有问题的程度。

对于在民法传统中成长起来的律师来说，这种把法和衡平区分开来的做法，可能是英国法律体系中最奇怪的特点。到现在人们仍然没有完全弄明白这种法和衡平的区分是怎样开始的，可能永远也无法弄清楚。因此，下文论述的仅仅是作者对这一问题的拙见。

到15世纪早期，普通法体系已经发展得极为完善。法律实质上是在数目很少的一群法律专业人士之间口头流传的，这个群体包括

大约12名法官、大约相同数目的高级律师和40名左右重要的法庭律师和法庭官员。这些人认为法律是什么，法律就是什么。他们一起生活和工作，形成一个有凝聚力的集体，他们的工作方法比较保守，这也是可以理解的。相对于自由裁量的正义而言，这些人更为重视的是稳定和法治。

> 法律体系的作用是实现正义，但是总有一些人出于这样或那样的理由认为他们没有得到应得的正义。

然而，他们的法律体系是有缺陷的。毕竟，法律体系的作用是实现正义，但是总有一些人出于这样或那样的理由认为他们没有得到应得的正义。一个补救措施就是向号称正义之源的国王请愿，陈述蒙受的冤屈，这种做法相当于今天当人们认为地区法院或巡回法官的裁决有失公允时写信给大法官的做法。拥有至高无上权力的国王和议会，可能会为受到不公平待遇的人提供帮助。到了15世纪，请愿不再由国王本人或御前会议受理，而改由担任国王主事大臣和秘书长的大法官来受理。在1450年前后，大法官本人会处理大量的请愿，并自行做出决定。大法官的权威（极有可能是其任命过程中所依据的法规赋予的），是皇室权威的象征。大法官发布的命令被称为法令，为请愿者提供了补偿性方案，这一点是普通法所无法做到的。

比如，普通法法庭并不认可我们所谓的信托。某人可能决定将土地所有权转给他的两位值得信赖的朋友，请求他们为了他襁褓之中的幼子代为照管土地，而非为他们自己谋取利益；他委托他的朋友完成他的意愿，这种交易在有些情况下是可能成立的，比如土地所有者要远赴阿金库尔战役的战场，心知自己有可能一去不返。普通法法庭认为，既然土地所有权已经移交给所有者的两位朋友，此二人就享有对该土地的法律权利，故而即使他们处置不当或违背信约，法律也无计可施，因为法律的对象是法律权利，而非信托。然而，如果信托人之子最终并未如其父所愿得到该土地，他可以请求大法官主持正义。大法官在对信托人的朋友（即我们所称的受托人）调查完毕的基础上颁布法令，要求背信弃义的受托人履行信托，如果拒不履行，将面临监禁的惩罚。除执行信托外，15世纪的大法官逐渐开始介入其他类型的案件：比如在涉及土地交易合同的案件中，普通法仅仅规定了赔偿数额，大法官则会强制履行契约，同时，正式交易中出现的欺诈和错误行为，也在大法官管理的权限范围内。因此，大法官制度是对普通法的补充，以纠正其不足之处。

中世纪的大法官，显然有自己的一套理论为其活动提供理性辩护。所有大法官都在教会任职，可能担任主教或教会中其他职务，大多数大法官同时又是律师，曾在牛津或剑桥获得过民法（罗马法）和教会法学位。未取得法学学位的大法官均毕业于神学院，因此对教会法也不陌生。显然，大法官无法称自己是在执行普通法（这是普通法法院的职责所在），或者民法及教会法，英国并未实行民法，而执行教会法则是教会法庭的职责。因此，大法官逐渐放弃了执行某种法律的说法，转而称自己是在"管理良心"，他们坚持认为，法律权利的行使应该符合良知，不能违反道德标准。良知是人类拥有大法官逐渐放弃了执行某种法律的说法，转而称自己是在"管理良心"，他们坚持认为，法律权利的行使应该符合良知，不能违反道德标准。

的一种天赋，可以帮助其死后免受地狱之火的煎熬，不过，在某些微妙而棘手的边缘例案，也被称作良心个案中，人们可能会需要专家提出建议。按照上述理论，大法官并非妄图削弱法律的权威，只是他们意识到了法律权利有可能被邪恶地滥用的事实。在前文所举的例子中，信托人的两位朋友虽然享有对受托土地的法律权利，但是凭良心来说，他们滥用权利是不道德的。大法官命令二人履行信托，正是督促他们严格遵守道德行为准则，不致灵魂堕落。故在15世纪和16世纪早期，大法官法庭常被称作良心法庭，而不是衡平法院，更鲜有被称作普通法法院的情况。

举一个现代的例子，或许可以更好地说明法律和良心（即后来的衡平）之间的制度化差别。在1957年以前，谋杀罪在法律上只有一种量刑，即死刑。因此，普通法法院只能对谋杀犯做出一种宣判；普通法法院的存在，就是为了执行法律。然而，作用相当于君主顾问的内务大臣，其工作之一则是处理完全不同于法律的仁慈问题，他根据案件的具体情况需要，建议减轻死刑判罚，行使豁免权。由此也就形成了两套组织机构：法院执行法律，内务部则通过给予仁慈来缓和法律的严苛。这中间并不存在矛盾，因为是否给予仁慈并不影响法律的执行。同样道理，法律权利的行使，既可能符合道德规范，也可能违背道德。

16世纪，另外一种理论开始被越来越多的人接受，尽管此前也不乏拥护者；这种理论认为，大法官管理的不是良心，而是衡平。这种观点源自亚里士多德的著作。在《尼各马可伦理学》一书中，亚里士多德阐述了在追求正义的过程中表现为普遍规则的法律，不可避免地存在漏洞和缺陷，因为古往今来没有人能明确地提出一条通则，足以应对未来出现的任何状况。人类无法预知未来的复杂性，因而也不能事先想好所有的应对方式。如果要实现正义，我们需要的不仅仅是各种规则，当出现不公平的结果时，还需要一种独立于规则而存在的权力。有问题的地方是规则的一般普遍性，但法规之所以成为法规，也正是因为它的一般普遍性。下面的例子可以说明这个问题。假设有这样一条规定，孩子在上床睡觉前必须洗澡，这听上去似乎比较合理。显然，还需要允许例外情况的发生。比如，如果一个孩子感染了肺炎，病得很重，这时还坚持让他洗澡就太愚蠢了。我们可以事先尽量想出所有的例外情况，不过这样的努力注定是徒劳的，有些情况只有在真正发生以后我们才明白，比如由于巡回马戏团中的一场意外事故，在浴室里发现了一条眼镜蛇。没有人能够事先预想到会有这种可能性，从而规定眼镜蛇这一例外情况。因此，我们需要一种不受任何规则的约束、独立于规则之外存在的权力，这种权力就被称作衡平。亚里士多德理论的另外一种表述方式就是，法律在本质上是有缺陷的。除法律之外，我们还需要有矫正

> 有问题的地方是规则的一般普遍性，但法规之所以成为法规，也正是因为它的一般普遍性。法律在本质上是有缺陷的。除法律之外，我们还需要有矫正法律的机制。

法律的机制。

17世纪早期，在关于大法官法庭作用的一个经典表述中，既用到了"良心"这一较为古老的概念，也用到了较为现代的衡平理论："大法官法庭的作用是唤起欺诈、违约、侵权和无论何种性质的压迫行为中的人们的良心，并且缓和法律的严苛。"不难看出，这句引文的前半部分讲的是良心，后半部分（加着重号部分）则讲的是衡平。

尽管良心和衡平这两种观点都保留了下来，但是随着时间的延续，衡平开始被用作大法官法庭的理论基础，大法官法庭的审判也渐渐开始受到较为固定的原则的约束，就像在普通法法院中需要遵守一定的原则一样。衡平只在极少数情况下保留了自由裁量的性质，变得像普通法一样僵化刻板。事实上，衡平逐渐发展成为由特定的法庭执行的一套独立的法律体系。而仁慈这一特权的使用，也经历了相同的变化：在何时死刑不予执行上面，发展出了相应的法规和先例。但是，大法官仍然保留了一部分自由裁量权。

衡平以法律的存在为前提条件，只不过它坚持：应该根据特殊案件情况的需要调整法律的应用过程，以实现法律的最终目标——正义。

大法官法庭的审判，有时会表现为与普通法相冲突。在我们上文所讲的信托的例子中，根据普通法，受托人拥有土地产权，大法官称信托人的幼子是土地产权的所有者。如果二者之间的关系被视为是相互冲突的话，则应遵循衡平法优先于普通法的原则，这一原则现已成为法定原则。但是，这个问题的正统理论认为，普通法和衡平法之间并不存在矛盾。衡平以法律的存在为前提条件，只不过它坚持：应该根据特殊案件情况的需要，调整法律的应用过程，以实现法律的最终目标——正义。因此，衡平的功能就在于，使法律的作用得到最大限度的发挥，而不是削弱法律的作用。按照这种说法，在上文提到的信托案例中，大法官并未否认信托人的两位朋友是土地的合法所有者，只是坚持认为他们应该合理使用所有权，履行信托义务。

1876年，普通法和衡平法的制度化差别在英国被废除；现在，所有的法院都同时执行普通法和衡平法。然而，在普通法世界中，普通法法院形成的原则，仍在很大程度上被视为与衡平法院形成的原则相分离的实体。

> 在普通法世界中，普通法法院形成的原则，如今仍在很大程度上被视为与衡平法院形成的原则相分离的实体。

因此，普通法处理合同违约即赔偿问题时遵循的原则，与衡平法有很大的不同，衡平法强制履行契约（即颁布通常所说的实际履行令）。衡平法的执行令在一定程度上仍属法院可斟酌使用的裁量救济方式，当法院认为不恰当时，可以拒绝使用。因此，普通法和衡平法两种体系间的概念性差别依然存在，同时还存在一种较为奇怪的观点，认为衡平法所有的推论都源自极少数几条公平原则（不无可笑之处的所谓的"衡平法格言"），像"请求法院救济者须有洁净之手""衡平即平等""衡平法不做徒劳无益之事""衡平法注重实质而非形式"。

命名中的几点问题

在本章结尾，我们来讨论一下法律名称中容易使人混淆的地方。普通法的基本含义，是其对国土范围内每一个人都是开放的，没有地域的局限，也非某些团体特有。这个意义上的普通法，是在皇室法院中发展形成的，因此，普通法也逐渐与皇室法院紧密地联系起来。在1876年法院结构改变以前，皇室法院包括设于伦敦威斯敏斯特大厅内的王座法院、普通诉讼法院和财务法院，威斯敏斯特大厅当然一直保留至今。这些法院也被称为普通法法院。正是因为这些法院执行的是普通法，而普通法又是法院的法官制定和完善的，"普通法"一词也开始包含法官法这层含义，与议会制定的成文法相对应。因此，普通法常作为与成文法相对的概念使用。衡平法院处理的问题，不被看作法律问题，而是良心和衡平，所以，有时普通法也和衡平法相对立。但是，"普通法"一词并不限于上述两种用法，有时也广义地指整个英国法律体系，这一体系随着时间的推移传至威尔士、爱尔兰，英国也凭借自己海上强国和经济大国的地位，将其法律体系带入英国的海外领土和殖民地。所以我们提到普通法体系或普通法传统时，既包括衡平法，又包括构成议会制宪体系的前提等内容。最后需要指出的一点是，罗马法也可以被称为欧洲普通法；为了避免混淆，这里常用拉丁语的"ius commune"

法律是一个阐释性概念，它是通过人们，尤其是法官的诠释而实现其使命的。一个名称的准确含义往往可以从上下文语境中得出。

一词。正统主义者则指出，英国法的传统名称根本不是普通法，而是英国法律与习惯，从而造成了更大的混乱。尽管如此，一个名称的准确含义往往可以从上下文语境中得出。

第四章

法律的分类

就像历史可以划分成不同的主题，比如有经济史、政治史、军事史、欧洲史，以及现代史等，法律亦是如此。但是在一个演化过程既混乱又没有连续性的体系，像普通法中，要想找出一套法律的分类方法极为困难。直到17世纪，马修·赫尔，一位拥有超凡智慧的法官，才设计出一套较为完善的总分类方案，遗憾的是，他生前没能充分利用自己的方案。直到大约一个世纪之后，威廉·布莱克斯通爵士才在这一基础上完成《英国法释义》一书——这是第一部，也是迄今为止最后一部深入浅出地全面阐述英国法的著作。从我在本章开篇所举的细分历史的例子中可以看出，史料有多种不同的划分方式——按照人类社会生活涉及的方面划分（经济史），按照年代划分（现代史），按照地理区域划分（欧洲史），等等。此外，还可以按照历史学家的态度来进行划分，比如"马克思主义"史学，或"辉格派"史学。同样，法律资料和法律的分类方法也是多种多样，具体取决于分类的目的和分类法的演变方式。

> 法律的分类方法也是多种多样，具体取决于分类的目的和分类法的演变方式。

将法律资料进行分门别类（实际上也是间接地对法律进行分类）的一个最现实的目的，就是便于人们在法律图书馆里查找资料。如果法律书籍的数量很少，可以很方便地按照大小、颜色、作者或书名的字母顺序，甚至购买日期将其分类；无论哪种分类法都可以。就算我们把所有的书混作一堆放到床下，寻找起来也毫不费力。但如果书籍数量很多，要想便于查找，就必须有一套以律师的思维模式为基础的更为复杂的分类法。因此，图书馆分类法包括根据法律的渊源划分（苏格兰法、法国法、英格兰和威尔士法），按照法律资料的渊源划分（法令、案例报告、专著），或是根据法律规定的内容不同来划分（合同法、财产法、刑法）。这些图书馆分类法实用性很强，可以帮助律师找到他们所需的书籍。对于终日面对大量法律文件的律师来说，这种功能很重要。因此，一个法学专业学生的首要任务就是熟悉各种分类法，以便快速找到所需资料。人们常说，一个好律师不必了解法律，仅仅需要知道如何查询、在何处查询，这种说法确有其合理性。

> 一个法学专业学生的首要任务就是熟悉各种分类法，以便快速找到所需资料。一个好律师不必了解法律，仅仅需要知道如何查询、在何处查询。

今天计算机的不断升级换代，使得电子存储大量的法令、法规、判例报告等法律资料成为可能，此外也产生了众多调阅这些资料的新方式。新的查询方式打破了法律类别的传统界限，在实际生活中，信息检索人还可以根据自己的需要自创新的查询方式。比如，可以向计算机输入指令查找所有包含"香蕉"一词由上诉法院审判的案件，假设你有一个向进口香蕉征税的案件，这种方法可能十分有用。检索词可以是任何词或词组，也可以与既有的法律类别结合使用以缩小检索范围。然而，新的查询方式的出现，并不意味着原有的法律分类已经过时，因为法律的存在正是依赖于各种分类体系。尽管计算机帮助很大，但它令人憎恶的显示屏和让人恼火的死板，决定了它仍然无法取代书本成为文本的存储机制。出于各种原因，人类始终没有对书本加以改进。所以在可以预见的未来很长一段时间内，律师仍要延续他们数百年的做法，翻阅厚厚的大部头法律著作。

律师眼中的法律分类，绝不仅仅是为了方便，将杂乱无章的大量法律资料随意地分作不同的小类，而是反映了关于法律结构或目的等基本思想。无论是刑法、合同法等独立的法律分支，还是公法或国际法等较为宽泛的分析性分类，都具有能使之成为分类法体系中一个类别的内在统一性。这种统一性，通常表现在上文提到的法律分支规定的内容，即所涉及的社会生活领域上，或者表现在它们的普遍功能上。

如果使用中的法律分类完全合理，无懈可击，事情就会简单得

多，但实际情况远非如此，因为在所有涉及
法律的领域，人们的思想都深刻地受到传统
的影响。因此，即使旧的分类法可能已经不
再适用于现状，它们仍然会继续发挥作用。
这有些类似于喜欢古建筑的人也必须同时忍
受包括不合理的房间格局在内的许多问题，

> 如同文学一样，在法
> 律中，处处都可看到
> 过去的影子。法律的
> 内在属性决定了，实
> 时的、拥有最新理念
> 的法律体系是不可能
> 存在的。

尽管厨房的面积如果扩大一些而碗碟储藏室的面积相应地缩小一些，
家务事的分配会变得更加合理。如同文学一样，在法律中，处处都
可看到过去的影子。法律的内在属性决定了，实时的、拥有最新理
念的法律体系是不可能存在的。即使在经历了最彻底变革的国家，
只要法律还存在，变革前的法律体系的影响就会持续下去。在希特
勒掌权后的德国，尽管纳粹分子的诸多非法行径使其实际上凌驾于
法律之上，纳粹政府也通过了若干具有种族歧视的法律，但是多数
旧的法律仍像以前一样继续发挥作用，即使在今天的德国也仍然有
效，合同法就是其中一例。

按主题分类

按主题分类，可以产生不少法律著作，其中一些书名相当有
趣，比如1925年出版的R. C.麦克斯维尔所著《关于屠宰场和变质食
物的法律》，或者1953年鲍尔森、布里顿和马歇尔合著的《处置死
者》，后一本书既不是关于尸体防腐处理的，也不是关于掘墓或食人

族的，而是关于法律的。当分类法以狗或狗的主人等一些日常生活中的概念为基础时（M. R.伊曼纽尔的《关于狗的法律》，或W. M.弗里曼的《关于狗和狗主人的法律》），被称为基于事实的分类。如果组织性概念经过了法律专家的提炼和详细阐述，该分类法就被称为法律分类，这取决于法律专家是否为了特殊目的而对某一概念加以详细阐述。

合同法就是这样一个法律分类的例子。合同法关注的是民法中协议的法律效力问题，不涉及刑事处罚。合同法由一系列的原则和规定构成，目的是告诉人们一个具有法律效力的合同是如何制定的，如果出现违约，可以采取哪些补救措施。简而言之，合同法就是关于协议和承诺的法律。在日常生活中，人们对于什么是协议、什么是承诺、什么是违约，都有一个大致的概念，而且这些概念中包含的思想看上去极为简单。然而，合同

> 数百年来，律师们一直在研究和琢磨法律概念，并在应对现实的而非假想的问题和困难的过程中，发展出了一套复杂的思想。

法一点也不简单。法律人和法庭对于什么算作法律意义上的协议或承诺，都做出了极为详细的阐述。数百年来，法律人一直在研究和琢磨这些概念，并在应对现实的而非假想的问题和困难的过程中，发展出了一套复杂的思想。法律人想出各种解决现实问题的方法，这些解决方案形成体系，作为传统保留下来，从而构成了合同法。在这一过程中，法律人对于什么算作合同、什么算作违约等形成了自己的概念，与未受过法律专业训练的普通人依据常识对协议和承

诺的理解区别开来。

各种原因造成了这一细化和分离过程的出现。有时会涉及一些普遍社会原则的问题——比如，法律不会强制执行诸如去野餐等众多社会安排，尽管这些安排中必然会存在协议。为了排除此类社会安排，渐渐演化出一条法律原则，这一原则规定：只有那些预先设定具有法律后果的协议，才是具有法律执行力的合同；这一原则使得律师能够区分哪些协议具有法律约束力，哪些则不具有。这样，普通人对于协议的理解，就与法律意义上合同的概念分离开来。合同法的规定不断细化，是因为法律在某些问题上必须做到十分精确，尽管这在日常生活中是完全不必要的。比如，假设签订合同的一方来自英国，另一方来自法国，合同是通过电话或电报签订的，随后发生了纠纷。那么应该遵照哪国法律来解决纠纷呢？是英国法还是法国法？两国的法律可能会在涉及案件的地点上规定不同，案件的处理结果取决于适用哪国法律体系。一个较为合理的原则是，遵照合同签署地的法律。但运用这一原则的前提是，法庭必须有办法准确地判断出合同的签署地，除了法律，没有人会对这一无关紧要的问题感兴趣。事实上，这个问题比较特殊。一种解决方法是，将签订合同的一方看作提出方，将另一方看作接收方，同时规定合同的签署地就是接受这一行为的发生地，因为只有合同被接受，协议才完整。另一种可行的解决办法是，规定适用的法律应当是合同履行地的法律。当然，还会有其他一些解决途径，但关键的一点是，法律必须针对某一现实问题给出精确的答案，这时仅仅依靠常识是没有任何实际帮助的。正是为了满足这种需要，合同法变得越来越细化。

有时，法律的复杂性反映了人们对于精确性和平等待遇的双重渴望。

> 有时，法律的复杂性反映了人们对于精确性和平等待遇的双重渴望。

假设我们一致认为，至少作为一条普遍原则，合同的违约方应当对其违约行为做出金钱赔偿。这一原则看上去很公平，也符合常识。但要想使索赔权成为法定权利，必须通过法律来决定，而非负责每个个案的法官的主观意愿，律师显然必须清楚如何计算赔偿金额，而且是越精确越好。因此，他们需要有某一原则来指导自己。但是仅仅一条原则就已经足够，还是需要针对不同的合同、不同的违约行为适用不同的原则？后者产生的结果可能是蓄意违约和意外违约，对此将会遵循两条不同的原则。法律提供赔偿应该达到什么样的目的？关于这个问题，存在各种可能性。合同双方应该重新回到合同订立前的状态，还是进入如果合同正常履行的状态，还是仅仅要求双方交回各自已经得到的收益？法律要想解决违约赔偿问题，就必须制定出尽可能准确周密的规定，要想做出公正的裁决，必须对所有违约者一视同仁，只要他们之间不存在相关差异性。所有这些棘手的问题，都是在现实生活中出现的，而非人们凭空想象出来的。举一个实际例子，假设造船厂在将轮船交付购买方时，在时间上有些延误，而购买方已经支付了部分货款，那么购买方应该获得的赔偿是如其所说由于轮船未按期交付而造成的利润损失？还是购买方获得的赔偿数额只能等同于在这段过渡期租用一艘替代船只发生的费用？购买方有权拒收轮船，拿回已经支付的部分货款吗？如果购买方有权这么做，他能得到这部分货款在这段时间产生的利息吗？无论我们遵循什么样的原则，这些原则也适用于建筑合同或雇佣合同吗？

再想一想违约的理由问题。合同法应当要求签约方尽其所能履行合同，还是要求签约方要么履行合同，要么就要赔偿另一方损失？假设履行合同时的情形与签订合同时相比发生了很大的变化，比如全国铁路工人正在举行大罢工，或者战争爆发，或者合同在签订时就出现了严重错误，这些会影响对违约责任的认定吗？

> 有人可能会认为，经过这么多世纪的发展，律师们已经将法律（或某种法律）发展到消除了所有不确定性、解决了所有疑难问题的程度，事实上，这种情况从未发生过。

随着时间的推移，针对诉讼中的现实问题出现的法律细化过程，势必产生大量的原则、规定、学说以及差别，目的是为解决这些现实问题提供指引。现在，在某一层面上，合同法将永远无法完全脱离外行人对协议的非专业性理解，合同法也将继续以人们应当兑现承诺、遵守协议、实现承诺和协议中包含的合法预期这一朴素思想为基础。其实在这一层面上，整个合同法可以用一句极为简单的话来表述：凡没有合法理由违约者，必须对其给无过错方造成的损失予以赔偿，在适当的情况下也可能被强制履行合同。事实上，任何一种法律都可被简略成类似的一句话。最原始的《法国民法典》中有五条涉及的是我们所谓的侵权法，总共只有150余词。其中一条，

第1382条规定："任何行为致他人受到损害时，因其过错致行为发生之人，应对该他人负赔偿之责任。"几乎不可能有比这更简练的表述了。但是这一句短短的法律规定中的每一个词，如同合同法的一句话表述中的每一个词，都有极其详尽的阐释。在一本关于合同法或者其他任何复杂的法律体系的著作中，定义占了很大的篇幅，主要是解释为了实现法律的目的、什么是有法律约束力的合同、赔偿是什么意思，等等。同样，刑法类的书籍在阐述法律时，大多也都是在下定义，解释谋杀、预谋、偷窃或抢劫等概念。

你可能会想象，在某些情况下，经过若干世纪的努力，律师们可能最终会将某一种法律，比如合同法，发展到消除了所有不确定性、解决了所有疑难问题的程度，那时律师就可以退休了。事实上，这种情况从未发生过，原因有很多。第一个原因是，社会对于合同法应该是怎样的态度一直在变。比如和过去相比，今天的合同法更倾向于保护在霸王合同中处于弱势地位的消费者。第二个原因是，亚里士多德很早就提出的法律的内在缺陷，正是这种固有的缺陷，使得衡平的出现成为必要，在处理一些棘手的案件时，衡平作为可自由裁量的法律的修正，其本身无法作为规则固定下来。第三个原因是，作为法律基础的普遍原则的本质属性，决定了某些特殊案件的解决方案可能是自相矛盾的。这种情况也会出现在日常生活中：如果我们规定不能让他人沮丧的同时又必须讲真话，那么当苏珊问她那条难看的新裙子是不是买得很值时，我们该怎么回答呢？法律也是如此，似乎有两股相反的力量同时在起作用。第四个原因是，法律以语言为载体，而语言是不精确的。因此，法庭的所有裁决都可能因为其表述得不够精确，导致将来棘手的边缘例案的出现。

此外，还有一个也许更为根本的原因。假设我们有这样一条以文本形式存在的法律："所有把猫带入大学校园的学生都要受到开除处分。"假设我们把行使这一法律的权利交给学校校长，并且不要求她提供做出开除决定除这一文本外的其他任何理由。在这一制度下，法律仅仅就是上述引文，但是一旦我们开始要求校长陈述理由，并要求她前后所做的决定要保持一致，法律的复杂程度就会大大增加：关于什么样的动物算作猫的裁定，将会变得和最初的文本一样重要，而这些裁定又会成为新的起点，从而衍生出更多的争论和裁定。因此，法律与事实之间的界限，将会不断迁移和扩张，50年后我们就会有一个庞大的体系来阐述最初法律文本中的每一个词。所以，正是这种对合理性和一致性的追求，使得法律无限地细化和复杂化。只要法庭采取陈述判决理由的做法，这些理由就会在今后的案件中引发新一轮的争论。只有让法官像陪审团一样三缄其口，法律复杂化的过程才能停止；而也正是因为陪审团无须陈述原因，他们对一些棘手案件的裁决结果也就不成其为法律。换言之，无论陪审团有什么样的理由，这些理由都不会成为已有传统的一部分，因而也不会成为律师反复重新解释的对象。

> 正是这种对合理性和一致性的追求，使得法律无限地细化和复杂化。

法学课程的核心科目

律师接受的专业训练，主要以围绕人为提炼出的抽象法律范畴建立起来并经详尽阐述的部门法为核心，早期情况尤其如此。这类部门法除合同法外，还包括侵权法、土地产权法、信托法及刑法等。

> 经过详尽阐述的部门法，是培养理解能力、决疑和分析能力的最佳素材，一个优秀的律师提供给大众的正是这些能力。

律师并不是通过学习拖车住房法、传染病法或麝鼠法来学习法律的，尽管这些领域都有各自的法律。这种做法有充足的理由。经过详尽阐述的部门法，是培养理解能力、决疑和分析能力的最佳素材，一个优秀的律师提供给大众的正是这些能力。这些技巧，在高度发展完善的部门法中得到了最充分的体现，因此，法学专业的学生，如果要习得律师具备的专业技能，就要从这些部门法中找到可以效仿的模式。

一些领域的法律被不断细化，得到高度发展和完善，而另一些领域的法律则没有，这种现象并不一定反映了所涉及领域生活的内在复杂程度，而只是反映了专家律师在不同领域已经和准备投入的时间和精力。投入的多少主要是由经济因素决定的。穷人的问题当然和富人的问题一样复杂，甚至可能更紧迫，但在法律报告中，他们的问题并不占据显著位置。因此，数百年来，土地产权法一直汇聚了专家律师的极高智慧，因为过去土地代表着金钱，现在从某种程度上来讲依然如此。税法是一个现代的例子。有时，法律的复杂程度也不只有单一的一种解释。学习刑法的学生，很快就会注意到谋杀罪和非预谋杀人罪之间的差别被论述得多么详细。不久之前，犯谋杀罪的嫌疑人可能会被处以绞刑，而犯非预谋杀人罪的嫌疑人则不会受到如此极端的惩罚，因此，两者之间界限的划分，当然是极为重要的。相比之下，关于不付费停车的法律就非常简单明了。不过，如果违法者面临的惩罚是死刑的话，那就另当别论了。真要是那样的话，我们可能早就发展出了瞬时制动、可原谅的故障、停车动机属性等概念。

用法律界的行话来说，法律专业的学生通常将核心课程作为入门课程。除了上文提到的一些部门法（合同法、侵权法、财产法、信托法和刑法）之外，目前的经典核心科目还包括宪法及行政法，这是一门学科，而不是两门。传统以及理性都与这些学科单子的开列有关。

合同法

合同法在上文已有所提及并做了简要的描述。到了近代，合同法在整个法学教育中的中心地位不断受到质疑，有些人提出，合同和上帝一样，可能已经死了。合同在许多事物中所处的中心地位是在19世纪确立的，当时的知识分子普遍相信社会进步。合同法

合同在许多事物中所处的中心地位是在19世纪确立的，当时的知识分子普遍相信社会进步。合同法被看作实现社会进步的工具。

被看作实现社会进步的工具。这一观点是由亨利·梅因爵士在其所著法学畅销书《古代法》中提出的。在早期的社会形态，比如封建社会时期，个人在社会中所处的位置，他的权利、义务和责任，主要由他在社会中固有的法律地位所决定。每个人的法律地位，往往在他出生时就已决定好了，尽管在极个别情况下，人们可以通过成为僧侣（这将导致被终身剥夺公民权）、婚姻或者授爵来改变他们的地位。但是在一个接受合同法弹性调节的社会里，每个社会成员的权利、义务和责任，将不再由出身来决定，而是由每个人自由选择签订的合同来决定。因此，人们认为合同法提供了一个框架，在这个框架内，社会个体可以通过相互合作来计划、组织、再组织自己的生活。合同也因而成为自由的载体，它所起到的约束作用，也以每个人的许可为前提。当然，一个人可以签订什么样的合同，取决于其他人愿意签订什么样的合同，就像在一个市场里，人们聚集起来进行买卖，签订其他合同。每个市场中的个体为追求自身利益，自主做出决定，从而实现交换以及财富的分配和增加。

> 一个人可以签订什么样的合同，取决于其他人愿意签订什么样的合同，就像在一个市场里，人们聚集起来进行买卖，签订其他合同。

在一个以合同作为组织形式的社会中，整个社会好比一个市场，人们按照自己的意愿自由地交易，某些恶劣行径，比如欺骗，被排除在外。类似的观点在那些信奉亚当·斯密的理论、对自由市场经济的优点赞不绝口的人当中十分盛行：今天人们所说的自由，已不再是享有自由的社会地位，而是不受中央政府控制的自由——对中央政府控制持赞同态度的人常常把它称作计划，而持相反观点的人则称之为干预。此外，自由市场经济，在本质上被认为能够促进人类福利的发展。我拿我的苹果交换你的香蕉，是因为和苹果相比我更想要香蕉，而你的想法则恰好相反。如同变魔术一般，我们交换的结果是我们都生活得更加愉快。我因为得到了香蕉而更加幸福，你因为得到了苹果而更加幸福，假使我们没有变得更加幸福，那也只能怪我们自己。自由市场主义者常常宣称，人们通常是自身利益的最佳判断者，并由此推出，在一个允许自由交换的世界里，所有的人都会生活得越来越好——什么算作"越来越好"由人们自己决定。

与自由市场经济概念紧密相连的合同法，逐渐被视为具有极大社会重要性的一个法律分支。因此，众多的法学专家都开始致力于制定出一整套详细的法律法规，从而准确地体现自由协商合同的思想，以及明确说明执行力度。在19世纪，合同法得到了详尽的阐述，并广泛受到汲取自民法的思想的影响。到了19世纪晚期，也是大学法学教育发展的初期，合同法成为学习的中心，这种状况一直延续至今。

今天，很多人，特别是那些持左派观点的人，都已逐渐对自由市场经济的绝对价值丧失了信心。一些人认为，主要问题在于过度自由导致的不平等程度，已经到了人们无

今天，很多人都已逐渐对自由市场经济的绝对价值丧失了信心。

自由产生了不平等，而不平等则导致真正自由的丧失。

法接受的地步：合同订立十分成功的人变得过于富有；自由产生了不平等，而不平等则导致真正自由的丧失。同时，古典合同法坚持的自由选择的前提，也受到越来越多的质疑，人们也越来越多地关注合同安排对于除直接订约人以外其他人的影响程度。因此，今天的合同法似乎表现出越来越尖锐的矛盾，比如有观点认为，法律应该维护自由协商合同的神圣地位，即使合同明显对一方有利，而相反的观点则认为，法律应该采取家长式的立场，保护遭受损失的一方免受剥削。无论这些矛盾最终会怎样解决，合同法仍是法学教育的中心，并像我们所熟知的那样，在社会生活中处于基础地位。尽管人们越来越无法确定合同法究竟是关于什么的法律，甚至有颠覆传统的思想家宣称，合同法诸多复杂的在理论上有趣的原则，与解决现实生活中的合同纠纷几乎没有什么实质性的关联，但这一切都丝毫没有减弱合同法的吸引力。

侵权法

侵权法，或民事违法行为法，初看上去就像一个杂货袋，可能事实上也确实如此。侵权法包括法律管辖范围内的违法行为（比如非法侵犯他人土地、非法监禁、诽谤和诬蔑、妨害以及过失伤害），这些违法行为都有负面影响，并且既不是违反协议，也不是违反信托。法律对民事违法行为（civil wrong）所采取的补救措施，主要意在如通过赔偿损失而非惩罚违法者来帮助受害者。实际上，许多可归入此类的违法行为同时也是犯罪行为：一个小偷可以同时受到惩罚，并勒令支付赔偿金。但是，侵权法只涉及后一种情况。合同义务通常是人们自愿承担的，侵权责任则是我们要强制履行的，无论我们是否愿意。

一些法学家从侵权责任的强制性这一共同因素，以及侵权法主要牵涉伤害赔偿这一事实中得出结论，认为侵权法原则上应该以单一的民事责任理论为基础。但这一观点并未得到所有人的认同。一些人指出，侵权法根本没有明显地表现出任何内在的统一性。侵权法提供的补救性措施，似乎保护了多种不同的权益，比如人身安全权、名誉权、人身自由权、隐私权，等等。考虑到这种功能上的多样性，同一责任理论能否涵盖所有上述权益仍然有待商榷。比方说，侵权法在保护人身自由权时，理应比保护名誉权时规定更加严格。

照目前情况来看，侵权法似乎反映出两种截然不同的民事责任理论之争。根据其中一种理论，只有在发生故意伤害时，或者当普通法意义上的理性人（男人或女人）由于主观过错未能给予理应给予的注意时，才存在民事责任。根据另外一种理论，责任的认定不应取决于过错，而应由其行为引起或致使损失发生的人来承担责任。第二种理论的其他版本可能会认定，损失是由从其行为中获利的人，或有最佳条件来阻止损失发生的人引起的。这类理论的出发点是，如果发生损

学习侵权法的乐趣，既在于存在争议的问题的基本属性（一个人什么时候应该为自己的行为给他人造成损失做出赔偿？），又在于诸年来诉诸法庭的各种事件的数量是如此之多。

失，总要有人为此负责，除非造成损失的是受害者本人，因而，责任显然应该由导致损失发生的人来承担。学习侵权法的乐趣，既在于存在争议的问题（一个人什么时候应该为自己的行为给他人造成损失做出赔偿?）的基本属性，又在于诸年来诉诸法庭的各种事件的数量是如此之多。法学院的学生在学习侵权法时，可能经常会觉得杂乱无章、毫无头绪，但是他们永远不会感到单调和乏味。

财产法

财富的分配和保护，一直都是法律的核心功能，于是财产法也就顺理成章地成为第一个被高度复杂化和得到详尽阐述的法律分支。

财产法是一门较为奇特的法学核心课程。众所周知，财富的分配和保护，一直都是法律的核心功能，于是财产法也就顺理成章地成为第一个被高度复杂化和得到详尽阐述的法律分支。财富所有者自然时刻准备着运用法律通过诉讼来保护自己的财产，读者同时必须牢记，财产是和权力、地位、社会责任，以及生存紧密联系在一起的。拥有一辆保时捷或劳斯莱斯，绝不仅仅代表拥有了一辆交通工具；要想出行便利，只需花费购买保时捷或劳斯莱斯费用的极少一部分。圣诞节期间，无论人们是否心甘情愿，都有义务赠送和接受礼物，哪怕这些纯功利性的礼物毫无用处，与此相对应，在这期间也出现了大量的财产购买和转

财产是和权力、地位、社会责任，以及生存紧密联系在一起的。

让。所以一直以来，财产都有多种不同的意义。早在中世纪结束之前，财产法就已变得非常复杂。然而，这种复杂性出现的时代背景是，财富的主要形式是土地，以及与土地紧密相关的资产，比如城堡、钓鱼权，以及在他人的土地上放牧的权利。我们可以把所有这些财产归为一类，称为不可移动的财产形式。律师使用的专业术语是不动产。从普通法发展的初期直到19世纪，不动产法一直都是众多法学专家关注的重点。土地资产，作为上层阶级家庭生活的经济基础，是极为重要的，强大家族之间的同盟关系通过联姻得到进一步巩固，而婚姻与爱情无关，只有繁复的结婚礼物相伴，结婚礼物又被称为结婚授产，目的是巩固家族的财富和权力。在早期历史上，管理其他财产形式的法律并未得到充分发展。在中世纪，即便是富人，也只占有极少的动产，尽管某些形式的动产，比如牛、马、盔甲和弥撒经书，也具有极高的投资价值。多数剩余财产都流向了教会，比如用来装圣人遗骨的圣骨匣。

土地法最终得到了高度发展。土地法关注的对象是那些通过法庭裁决可以失而复得，从而得到最充分保护的财产形式。土地的特点之一是它不会消失（除非是位于河边或海边的土地），且无法被隐藏，因此，以这种方式来保护土地产权是最切合实际的。管理其他形式财产（可移动的财产，或被律师称为动产）的法律，则相对来说发展较为迟缓，仅仅作为侵权法的一部分处理非法扣押他人财产等违法行为。主要为动产提供保护的是刑法，而不是民法：一个小偷，无论给失主造成何种后果，都可能被处以绞刑，小偷小摸之人可能会生活得相当悲惨。到了今天，小偷不再被处以绞刑，但是为动产所有者提供保护的法律仍然是刑法和合同法，为动产免受偷盗造成的损失提供保证。从理论上来说，可以起诉小偷要求赔偿，但几乎从未有人这样做过。在金额较大的偷盗案中，要想从小偷那里拿回损失的钱财，基本上是不可能的。

15世纪末期，出现了一本著名的不动产法教科书，作者是一位法官，托马斯·利特尔顿，至今人们仍可以在伍斯特的大教堂里看到他的墓地。他是爵士音乐家汉弗莱的一位年代久远的祖先。不过利特尔顿真正的历史功绩并不是对英国爵士乐的贡献，而是写成了《租佃论集》，在此后的三个半世纪里，法学院的学生都逃不开学习这本著作以及科克爵士随后所著的一本详细评论——《科克评利特尔顿》的命运，学习这两本著作是为学习财产法所做的必要准备。不过学生学起来并不轻松，因为《科克评利特尔顿》的最终版本，包括了哈格瑞夫的评注、巴特勒的评注、赫尔的评注，以及科克自己的评注，读起来十分艰涩难懂。现代的法学院学生虽然不必再受读这本书的煎熬，但仍需读此后出版的著作，这也不是一件轻松的事，因为直到今天，法学课程中的财产法仍主要是指不动产法。不动产法的表述，采用了奇怪的中世纪晚期术语。抱有纯粹主义观点的律师，不会用房屋的主人（owner）这一称谓，而是称之为绝对占有不限嗣继承地产权的佃户（tenant in fee simple absolute in possession）；他们采用数百年前玫瑰战争时期形成的语言，来表现早期社会中复杂的土地所有权。许多使用的术语都源于诺曼法语，

因为这是有地产的贵族使用的语言，并一直
保留至17世纪，成为律师专用的书面语。

当土地产权法被用于授产安排（property
settlements）时，它的复杂程度达到了极致，

> 法学学生正是通过学
> 习不动产法进入类似
> 荒诞派戏剧的法学
> 想象的更高境界。

授产安排为富有阶级的家庭安排，特别是通过联姻实现的家族同盟
打下了基础。一些因其神秘性而备受律师推崇的奇怪法学理论，比
如禁止永久权原则，得到了发展，目的是防止家庭财产的处置权一
直被某位自认能预知未来的土地所有者所把持。法学院的学生仍在
为学习这一著名原则大伤脑筋，它也成为公认的最难理解的普通法
分支。也有人对这一原则在现今社会是否还发挥着作用提出了质疑，
有些奉行普通法的国家或地区，已经完全废除了这一原则，迄今为
止还未出现显著的灾难，也没有发生要求重新遵守禁止永久权原则
的公众运动。谁知道呢，这些奇怪的法学理论可能真的有一天会重
新回到法律世界中！因此，今天人们学习的土地产权法保留了许多
早期历史的痕迹，不得不承认，它的秘传特性，在让一部分法学学
生着迷的同时，也让另一部分学生望而却步。土地产权法主要包括
涉及财产让与，即土地产权的产生和转让的那部分法律，一百多年
来，财产让与一直是一项由律师主导的获利颇丰的行为。奇怪的是，
在法学课程中，有关动产的法律仍然极少有人研究，而涉及著作权、
公司股权等较为现代的财富形式的法律分支，也依旧无法取代不动
产法的重要地位，法学学生正是通过学习不动产法进入类似荒诞派
戏剧的法学想象的更高境界。

信托法实际上是财产法的一个分支，起源于在普通法法院中执行的普通法和在衡平法院中执行的衡平法之间的制度化分离。简单来说，当财产被转交给某人（一个或几个受托人），条件是受托人为了第三者即受益人的利益持有和管理财产时，就产生了信托。举一个现代的例子，部分债券和股票被转让给两位当地的知名人士，条件是股票所得收益必须被用于村里的板球俱乐部。这里最本质的一点是：管理和控制权与收益权分离，前者由受托人享有，后者由受益人即俱乐部享有。通常情况下，这两种权利为同一所有者所有：如果我有一个苹果，我可以选择把它卖掉，也可以选择送给别人（管理），还可以选择自己吃掉（享受）。在信托中，所有权的这些特点是分离的。普通法法院并未形成任何机制保护信托中有意受益人（intended beneficiary）的权益；有意受益人转而向衡平法院寻求保护。衡平法院很快就发展出详细的规则，在保证作为法律意义上所有者的受托人享有管理权的同时，也保证作为衡平意义上所有者的受益人享有应得的经济收益。

信托在现代社会中的应用越来越广泛，这部分是因为信托能够灵活地为相对富裕者建立起家庭安排，部分是因为它能有效地将不受欢迎的税收事件的发生频率降至最低。

尽管信托起源时的"在普通法法院执行法律权利、在衡平法院寻求公正"的社会现实已经不复存在，但是信托制度一直保留了下来。事实上，信托在现代社会中的应用越来越广泛，这部分是因为信托能够灵活地为相对富裕者建立起家庭安排，部分是因为它能有效地将不受欢迎的税收事件的发生频率降至最低。和其他更加复杂的财产法分支一样，信托法改变了一名所有者为自身利益拥有一件财产的简单模式。涉及董事、股东、雇员的公司法，是又一个更为复杂的例子。在现代社会中，信托管理下的财产，极少是某件具体物品；更为常见的是基金，即资产组合（可能包括债券、股票和房产），资产的组成可能会在受托人的管理控制下发生改变。一个国家的大部分财富都是以基金，特别是养老基金的形式存在的，工人在退休前缴纳一定的金额以备退休后使用，他们的雇主也为他们缴纳一部分。这类基金除了包括部分较明显的资产外，还包括雷诺阿的绘画作品和乔治亚时代的咖啡壶，更别提赛马或岛屿了。单位基金是另一个例子；投资者购买信托基金中的股票，信托基金由众多不同的债券和股票构成，有时只包括某一特殊种类，可能是"远东"或"欧洲"。基金由投资领域的专家代表投资者管理。分散投资、购买不同只股票，可以降低投资风险，同时许多私人投资者既没有经验，也不愿意管理自己的存款。

公法和私法

目前尚未提到的两门法学核心课程，宪法及行政法（constitutional and administrative law）和刑法（criminal law），体现了另一种划分法律的基本方式；按照这种划分方式，所有的法律要么属于公法，要么属于私法。

> 公法处理的是个人或组织与国家之间的关系，私法处理的是个人之间或组织之间，或个人与组织之间的关系。

前者处理的是个人或组织与国家之间的关系，后者处理的是个人之间或组织之间，或个人与组织之间的关系。目前我们已经提到的所有部门法都属于私法，本章涉及的两门核心法学科目属于公法。初看起来，公、私法之间的差别十分简单明了，但事实上由于各种原因，二者之间的差别界定起来仍有不少困难。例如，私法中的某些原则也适用于国家和个人之间的关系，因为出于某些目的，国家也被当作个人来对待。刑事诉讼的理论基础是，它们是代表君主提出的，因此，所有的犯罪行为都是损害国家利益的犯罪行为。因此，刑法属于公法。但现实情况是，许多刑事诉讼，比如由个人提起的侵犯诉讼，或由商店提起的偷窃诉讼，都是调解个人之间争端的方式。因此，公法和私法之间的区别，尽管很有用处，但只存在于理论上，如果太过当真，很容易使人产生误解。同时，国家干预越来越多地出现在私法领域，这也进一步模糊了公法和私法的界限。

> 宪法主要是用来调查和详细说明，政府所依照的现行法律安排在多大程度上反映了法治，即依法行政的理想。国家暴力机构包括军队、警察和监狱，它们既是法治的潜在朋友，又是潜在的敌人。

宪法主要是用来调查和详细说明，政府所依照的现行法律安排在多大程度上反映了法治，即依法行政的理想。因此，宪法首先关注的是权力，特别是作为政府权力在立法、行政、司法之间分配依据的法律原则。这里，宪法的主题是法律结构和制度，这也是政府运转的基础。权力分配一个很重要的方面是法律对各种政府权力设定的限制。所以，宪法的另一个关注重点就是对掌权者

（比如部长、公务员或情报部门的工作人员）是否实行问责制。法律可以对政府权力设定的一种限制是，通过认可个人的法律权利，迫使政府权力的行使以实现崇高目的的名义进行，比如，人身自由权可以高于政府对公民的要求。因此，宪法的一门课程主要就是研究个体权利和机制（比如人身保护）如何得到保障。权力分配的另一个重要方面是，国家主要暴力机构的地位、什么时候采取果断行动"落井下石"——使用这样的字眼也许很残忍，但却是现实。国家暴力机构包括军队、警察和监狱，它们既是法治的潜在朋友，又是潜在的敌人。因此，宪法律师的很大一部分工作，就是关注如何控制这些暴力手段的使用，以及一旦出现权力滥用，可以采取哪些补救措施，虽然他们似乎经常忘记这三个一组的第三个成员。

像认为"整个政府系统应该由法律预先确定下来"这种观点是极为荒谬的，因为只要政府存在，就必须有选择和自由裁量的空间。比如，议会必须有权在对立的立法政策，以及具体的实施措施之间做出自由选择，如果所有事情都可预先由法律确定下来，议会和选举也就失去了任何存在的意义。因此，宪法主要关注自由裁量权，以及规范这一权力的行使，确保其不被错误地滥用。行政法，作为宪法的一个分支，详细地规定了法院对政府职能部门的监督制度，从而应对我们这个高度管制的社会。

现在世界大多数国家都有自己成文的宪法，宪法构成基本法，或简略或详细地勾勒出政府组织的结构和各部门的权力。现代宪法通常明确规定了基本宪法权利，并建立了适当的内部监察和平衡体系来维持宪法结构。宪法通常会使某些法规得以确立下来，也就是说，通过法律手段很难或不可能改变这些法规。最著名的宪法是美国宪法，宪法解释明确指出，美国宪法赋予法院（特别是最高法院）广泛地管理联邦立法和各州立法的权力。法院尤其可以拒绝执行由国会或州立法机关通过的但违反了宪法规定的法律。这些做法的思想基础是，即使在民主社会，公民仍然需要政府保护。英国不存在这种意义上的宪法，由此产生的结果就是，宪法的界限不够明晰。即使是存在宪法的地方，也无法将所有管理政府行为的法律涵盖其中。因为这一领域内的大部分法律，并不是以文本形式存在的，而是存在于涉及法律在政府里的恰当地位的法律传统中。任何在宪法方面有意义的

> 任何在宪法方面有意义的研究，都离不开对宪法传统以及更为正式的法律资料的研究。

研究，都离不开对宪法传统以及更为正式的法律资料的研究。宪法和宪法理论是不能割裂开来的。

如果缺少成文的宪法容易模糊宪法的界限，那么不透明的英国政府行为造成的更为严重的后果就是：所有关于英国政府的论述，都或多或少地带有几分神话色彩。人们很早以前就已认识到，英国政府的行为并不受法院执行的法律法规的约束。维多利亚时期宪法学大师戴西用"惯例"一词来指称政府奉行但不被法院执行的做法，比如很早就已建立起来的"君主自动同意国会下议院和上议院共同通过的法律"这一惯例。在英国，政府的职能大部分由专职公务员履行，公务员接受各部部长在一定程度上的调配，并受到国会的间

接管理；电视剧《遵命，部长》对这一制度做出了最好的诠释。在白厅这个隐秘的世界里奉行的惯例，对于政府职能来说，和法院执行的法规同等重要；遗憾的是，这些惯例是什么，仍然大部分不为人知。明智的英国宪政研究者必须认识到这个特点，从而避免混淆宪法宣称的保障（即法治宣称的保障）和现实。

刑法

刑法是对公众最具吸引力的一个法律分支。它规定了在哪些情况下公民可能受到国家的惩罚。这种对待惩罚的态度将刑法与民法区别开来，普遍说来，民法的职责不在于惩罚公民。刑法的核心条款针对的是各种反社会行为，比如谋杀、抢劫、勒索，等等，这些行为与维护社会生活的正常秩序格格不入。过去，比较严重的犯罪行为（也就是那些最令人们感到恐惧的罪行）被称为重罪，犯重罪的嫌疑人可能会被处以死刑。所以刑法的本质功能就在于，通过剥夺生命权这种最有效的方式，识别出那些需要被排除在社会之外的人群。

刑法的本质功能就在于，通过剥夺生命权这种最有效的方式，识别出那些需要被排除在社会之外的人群。

今天仍有不少人认为监禁可以改造人，使其变成更好的人，不过真正了解监狱生活的人可能极少会将这种观点当真。

法的本质功能就在于，通过剥夺生命权这种最有效的方式，识别出那些需要被排除在社会之外的人群。随着时间的推移，人们渐渐发明出其他一些排除方式，首先出现的是流放，这一刑罚一直保留到19世纪60年代，随着这种形式越来越不被流放国所接受，监禁开始成为现今刑法最典型的惩罚手段。即使到了今天，人们在谈起被关押的犯人时，给人的感觉就好像这些人并不存在，似乎已经将他们从这个社会中驱逐了出去。比如，人们常说，无论监禁有什么样的缺点，当犯人还被关押时，监禁至少可以阻止犯人再次犯罪；实际上，只有当我们认为监狱存在于社会之外，这个观点似乎才说得通。当然，也有许多犯罪行为是在监狱里发生的。随着监禁在19世纪兴起，一种奇怪的观点也渐渐发展起来，即认为监禁可以改造人，使其变成更好的人，今天仍有不少人认同这一观点，不过我怀疑任何真正了解监狱生活的人是否会把这种观点当真。但是，传统刑法里的惩罚手段，并非要将朽木雕成美器。除了将罪犯从社会中清除之外，惩罚还起到了震慑他人遵守社会准则的作用（这在今天被称作威慑），以及使罪犯受到公正的惩处，从而重新在社会中实现正义和邪恶相互平衡的作用。清除和威慑是现实目标，报应是道德目标；要想真正理解刑法的重要性，就必须认识到刑法同时具有道德目的和纯粹的现实目的。

> 清除和威慑是现实目标，报应是道德目标；要想真正理解刑法的重要性，就必须认识到刑法同时具有道德目的和纯粹的现实目的。

即使在传统刑法最为严苛的时期，也从未兑现所有它威胁做出的惩罚；各种犯罪行为的定义，使得人们对理论上的谋杀犯、抢劫犯或其他罪犯产生了同情，他们受到的惩罚比严格遵照法律本应受到的惩罚要缓和得多，比如被君主赦免。刑法体系总是表现出过度使用死刑的倾向，这种状况在今天仍是如此，随之产生的后果就是：很多对社会没有危害，其行为至多造成微小损害的人，也被算在罪犯之列。因此，刑法也渐渐发展出众多轻微的惩罚或者"对待"手段，以免对这些人处以监禁。这样的例子有保护观察令，以及强制"社区服务"。这些处理方式常被宣称为可以改造人。也许偶尔确实可以起到这样的效果，但大体说来，这不过是人们为了避免做出令人厌恶的事情而找的借口而已。

传统的刑法已被植入一整套强制性政府管制的体系，这是近一百年来政府规模不断扩大的衍生物。各种国家机构渐渐将诸多领域的行为都纳入管理范围——商店的营业时间，买酒的合法年龄，狗在什么地方可以排泄，在什么样的条件下一个人可以通过穿耳洞营利，或者实施针灸，或者声称自己有行医资格，什么样的树可以砍伐，什么样的种子可以播种。传统的刑事法院已经接管了加强这类管理的工作。对后来被称作管理性犯罪的违法行为通常采取的惩罚手段是罚款，不过在许多情况下，完全不合作者也可能被处以监禁。因此，曾经仅仅旨在保护个人免受严重的反社会行为侵害的刑法，开始成为现代政府管理的工具。刑法被用来惩治犯下所谓不照章办事"罪行"的人。

> 传统刑法的思想基础是：人们理应为自己的选择负责，如果他们选择违法犯罪伤害他人，那么将他们送入监狱的就不是别人，而正是他们自己。

法学学生在学习刑法时接受的课程，倾向于以传统意义上的真正罪行为核心，比如谋杀、过失杀人或偷窃，尽管这种做法在某种程度上歪曲了刑法的真正面目，但也是可以理解的。因为正是传统的刑法代表了国家对公民生命的最极端干预，即使是短期监禁，也表示将罪犯从正常的社会生活中驱逐出去。传统刑法因而就惩罚和强制伦理学提出了几个基本问题（这里，道德和法律合二为一）。第一个基本问题以个人对自己的行为负责的观点为核心。传统刑法的思想基础是：作为一条普遍原则（如果我们排除患有精神疾病、年龄尚幼，或受到胁迫的几类人），人们理应为自己的选择负责，如果他们选择违法犯罪伤害他人，那么将他们送入监狱的就不是别人，而正是他们自己。他们既然选择了邪恶，就理应受到惩罚。在日常生活中，我们大部分时间都认可这一观点，尽管有时也会产生相反的看法，认为人们的行为总是以他们的生活境遇为前提，因此他们并不真正享有自由选择权。在法庭上，后一种观点常常作为与审判相关的因素陈述给法官：这个不幸的孩子生长在一个恶劣的家庭，无法完全把持自己，他放火烧毁当地的学校是如社工所说的"一种无言的求救"。在刑法中，个人责任理论与社会环境条件理论之争，一直在无休无止地进行着。现代判例法就涉及这样一个问题：一个受到谋杀指控的犯罪嫌疑人，能否以他若不杀害无辜的第三方，自己的生命安全就会受到威胁作为辩护理由。他是否真的应该为自己的行为负责？刑法正是以一种哲学角度的思考令学生着迷。刑法的学习者也因其与惩罚手段密切相关而分化为鹰派和鸽派。

刑法正是以一种哲学角度的思考令学生着迷。

刑法同时也充满了各种分界点，同一个案子可能会产生被送入监狱和一身清白地离开法庭两种截然不同的结果。判例法中有大量这样的案例。一位灰狗发烧友兼赌客将赌注押在某一条狗的身上，如果有任何原因导致赛场工作人员宣布"比赛中止"，那么赌资是可以返还的。但如果赌客选中的狗输掉了比赛，他当然就拿不回赌资了。这名赌客观察到，他押的那条狗不仅行动迟缓，而且精神萎靡，不愿冲出护栏，因此获胜的希望十分渺茫，他随即跳入跑道，希望借此扰乱比赛进程，迫使赛场工作人员宣布"比赛中止"，这样一来，他就可以拿回自己的赌资。不过他的如意算盘落空了，因为他的行为对比赛造成的干扰仍不足以使比赛中止。偷窃在法律上的定义是"非法占有属于他人所有的财物……"，那么这名赌客能够以试图窃取赌资的罪名被指控吗？再举一个现代案例。一位轿车司机，在停车时不小心将车停在一位警察的脚上。警察要求司机把车移开。司机本身对警察没有什么好感，拒绝移车，并且扳上手闸离开了。这名司机有没有伤害这名警察？一个人什么都不做，怎么能伤害别人呢？还是说这名司机采取了一些行为？

国际法和国内法

我们之前已经讨论过，法律最普遍的一个作用就是产生秩序；很多人都认为，如果没有法律，社会秩序也将不复存在。如果我们排除自然灾难，比如饥荒、地震或瘟疫，人类社会容易出现的最严重的无秩序状态就是爆发革命或战争——当法律秩序濒临瓦解时，既然法律可以通过提供和平解决争端的机制，以及相互容忍、相互合作的规则，在社会内部建立秩序，那么至少从理论上来说，法律也可以在维持国家间秩序方面发挥重要作用。

革命就会爆发；当国家间的争端升级至有组织的暴力时，则会爆发战争。既然法律可以通过提供和平解决争端的机制，以及相互容忍、相互合作的规则，在社会内部建立秩序，那么至少从理论上来说，法律也可以在维持国家间秩序方面发挥重要作用。这样的信念促成了国际公法的产生，之所以称为国际公法，是为了与国际私法（也可称为冲突法）相区别。国际私法的内容涉及一种法律体系对另一种法律体系的认可。举个例子，假设一对夫妇在俄罗斯根据俄罗斯法律举行了婚礼，随后他们移居法国，并在当地领养了几个孩子。这对夫妇随后又立下遗嘱，最终在西班牙度假时在一场交通事故中去世。一旦夫妇二人领养的孩子就他们英国度假别墅的归属权发生纠纷，并在英国提起诉讼，很显然，这二人复杂的法律地位会给诉讼带来很多麻烦。究竟哪国法律适用这场纠纷呢？国际私法就是为了尽力解决这些问题。与国际私法相反，国际公法并不涉及个人的法律地位，而主要是处理国家间的法律关系。

现代国际法的创始人是一位荷兰学者，胡果·格劳秀斯，他的经典著作是《战争与和平法》。这个书名初看起来似乎很奇怪，因为法律作为战争的对立面，怎么会存在战争法呢？但不可否认的是，努力管理战争中的暴力，正是向更加有序的国家间关系迈出的宝贵一步，这也就好比暴力的拳击运动受到《昆斯伯里规则》的约束，以降低还未使用拳击手套时拳击比赛的暴力程度。但是，颁布《昆斯伯里规则》并不是为了废除拳击运动。同样，在诺曼征服前的英国的法律中，任何想消除家族间仇杀的努力都是徒劳的，但是法律仍在努力使争斗规范化，并将支付金钱作为取代仇杀的一种解决方式；尽管家族间的宿斗仍然可能一直持续下去，但只要法律措施采取得当，大体说来，宿斗终会逐渐走向消亡。通过法律手段尽可能地减少战争造成的痛苦，已经取得了一些成效，至少在欧洲是这样。宣告毒气战非法就是这样一个例子，还有一个例子是通过《日内瓦公约》实现的改善战俘待遇。

　　将法律引入国际关系领域的目的，绝不仅仅是调节战争。国际法律师一直致力于建立一套规章制度体系，他们更远大的理想则是实现和平。这个目标可以通过各国签订条约和公约（实际上就是合同）来实现，国际法的一个基本原则就体现在有约必守这一古老的法律箴言中。因此，国际法中有相当大一部分篇幅都是在讨论条约和其他形式的国际协定。同时，国际法也注重区分合理主张与不合理主张（比如对领土或海上矿权的主张），以及合法使用暴力和非法使用暴力，这也是法律的基本点。联合国内部建立起各种论坛，一方面是为了增进国际合作，另一方面则是为了将国际争端转化为彼此间的正式谩骂，这很容易使人联想到因纽特人以唱歌的形式来决斗。对此颇不

> 国际法的一个基本原则就体现在有约必守这一古老的法律箴言中。
> 同时，国际法也注重区分合理主张与不合理主张，以及合法使用暴力和非法使用暴力，这也是法律的基本点。

以为然者可能会认为，整个体制不过是昂贵的清谈之地，然而其他人则认为，冗长的讨论总比兵戎相见要好。

　　无论国际法已经取得了怎样的成果，它都在三个重要方面有别于法治国家的国内法。第一点不同在于，国际法缺少拥有强制管辖权的法院制度；所谓的国际法院，实际上只是一个仲裁委员会，它的权力以当事国自愿将争执提交仲裁为前提。因此，要想和平解决国际纠纷，必须采取谈判、调解或仲裁形式。第二点不同是，国际社会未能建立起对执意不合作国施加强制力的常规机制。国际法的第三个弱点在于，整个世界的广度和多样性，使得各国很难就如何在具体的纠纷中适用国际法的各项原则达成普遍一致的看法，比如，阿根廷与英国关于马尔维纳斯群岛（英国称福克兰群岛）归属问题的争端。国际法律师对于各条约、各国奉行的惯例以及国际法学者的一致观点中涉及纠纷的是非曲直都有各自的看法，并且他们也一直在努力寻找不同看法间的共同之处，他们的努力已经取得了一些成果。一部分人提出了这样一种观点：国际法的功能不在于建立国际社会秩序——如果没有一个超级大国实施主导性控制，这个任务是不可能完成的——国际法的真正功能在于，提供一种语言和一系列概念，从而将纠纷纳入谈判的进程中。

国际法的真正功能不在于建立国际社会秩序，而在于提供一种语言和一系列概念，从而将纠纷纳入谈判的进程中。

第五章

法律的渊源

我们在前几章中讨论了，在普通法体系中，最典型的法律形式是判例法，它是在法院审判诉讼案件的过程中形成的。数百年来，通过公布权威文本实现的立法，也就是公开宣布的法律制定，其实只在法律的发展过程中发挥了极小的作用。法律通常是作为世界上自然组织的一部分存在的，而非制定的。如果法律得到真正的尊重，也就不会再有诉诸立法者的权威的说法了，因为并不存在立法者，人们能做的只能是确保法律与传统保持一致，从而使法律表述的是一贯做

如果法律得到真正的尊重，也就不会再有诉诸立法者的权威的说法，因为并不存在立法者，人们能做的只能是确保法律与传统保持一致，从而使法律表述的是一贯做法。
口口相传的法院传统而非成文法文本，才是典型的法律的渊源。

法。人类历史上对私法或公法产生影响的立法是例外情况，国会通过立法更多是为了更正普通法官在执法过程中偶然犯下的错误，而不是为了实现法律革新。因此，口口相传的法院传统（一部分在案例报告的手稿中也有记录），而非成文法文本，才是典型的法律的渊源。但是，尽管立法只是例外状况，它在法律历史上仍时有发生。现存年代最为久远的英语文件——尽管这已经是比原稿晚很多年的手抄稿了——记录的是肯特国王艾塞尔伯特在7世纪早期颁布的法律。当时，皇家议会做出的裁决，还不能和其颁布的立法完全清晰地区别开，《艾塞尔伯特法典》背后的动力，可能源自于圣奥古斯丁的使命，该使命中提出了一些只有通过制定法律才能解决的问题。

中世纪时期，尽管立法仍不像现在这么普遍，也有不少法令被通过，特别是在爱德华一世在位时期（1272—1307），其中一些法令对后来的私法产生了极为重要的影响。比如，可以追溯至1258年的《有条件赠与法令》，成为关于地产限定继承权的法律的重要渊源。但是，为了把这些早期法令有效地纳入普通法体系，也出现了众多对这些法令的司法解释。在亨利八世在位时期（1509—1547），随着英国与罗马的决裂，又出现了一次立法高潮，更大的一次高潮发生在17世纪的无君主统治时期。18世纪和19世纪早期，立法活动进入低谷，直至1832年颁布《改革法案》。

在立法相对不频繁的若干个世纪中，普通法以自己的方式不断发展壮大。然而律师所持的理论却是对此予以否认，他们认为：普通法自古以来就已经存在了，普通法作为全面的亘古不变的法律体系，由法官来执行，法官无权修改普通法。也许到现在为止，仍有少数普通法律师对在字面意思上与上述理论极为相近的观点深信不疑，不过更切合实际的做法是将这一理论视作一种理想，使司法判决与法制完全保持一致。不管怎样，今天大多数部门法都与立法无关，更为重要的是，普通法世界中的法学思想构架，几乎完全是法庭审判发展的产物。

> 不管怎样，今天大多数部门法都与立法无关，普通法世界中的法学思想构架，几乎完全是法庭审判发展的产物。

立法和立法解释

判例法和成文法的相对重要性，已经发生了改变。随着19世纪政府规模的扩大，以及网罗了众多法学专家在政府里就职的中央集权官僚制度的发展，议会立法的规模也在迅速扩大。19世纪早期内务部只需两个房间办公的事实，足以说明变化的程度。20世纪爆发的两次世界大战，以及社会主义对无论哪党执政下的政府产生的越来越深刻的影响，都进一步加剧了政府膨胀的趋势，同时成文法也已成为政府利用的主要工具。因此，今天大部分法律都以《议会法案》作为出发点，即使是那些本质上属于司法起源的法律分支，比如合同法、刑法或土地产权法，也都已被成文法修改得体无完肤。

19世纪，一个倾向于编纂普通法法典的思想派别逐渐发展起来，目的是将普通法简化为成文法形式。一些民法国家接受了法典编纂

法典编纂，除了作为使法律变得更加简洁明了的手段之外，也被视为一种降低法官地位的有效途径——法官将无权制定法律。

的做法，最负盛名的法典莫过于《法国民法典》了，法典编纂的做法背后是一种信仰，即只要法律在法典中得到了准确而全面的体现，不仅法官的工作将变得更加简单，公民对法律是什么也会有更清楚的认识。法典编纂，除了作为使法律变得更加简洁明了的手段之外，也被视为一种降低法官地位的有效途径——法官将无权制定法律。法律由立法机构经过受公众监督的民主程序制定。英国最有可能被编纂成法典的是刑法和合同法，但在英国本土，这一工作一直没有取得什么进展，不过英国的殖民地国家通常都拥有一部刑法典和一部合同法典。美国的法典编纂运动采用了一种奇怪的方式——法典由法学教授编纂（这被称为普通法的"重述"），尽管这些法典不具备立法背景，但它们也已成为法学传统的重要组成部分。迄今为止，法典编纂运动在英国是失败的，但这并未阻止许多修订普通法的立法的兴起。

在现今社会，成文法在法律实践的各个领域都十分重要。很多人可能会因此而认为：由判例法向拥有明确的权威文本的成文法的转变，不仅减弱了法官制定法的重要性，而且增加了法律的明晰程度和确定性。然而，事实证明，这种观点并不正确。无论一部法令在起草时经过了多么慎重周密的考虑（实际上很多法令的起草都是极为粗略的），各项条款在运用到具体案件中时，案件的具体情况常常会引发争议——疑问似乎是不可避免的。众多立法者都曾一度认为他们制定的法律无须解释；查士丁尼是这样认为的，《拿破仑法典》颁布初期的法学家也是这样认为的。不过他们都错了。之所以会这样，有以下三个原因。

> 拥有共同的语言使得人类可以彼此交流，但通过语言表述的概念在本质上是不准确的。

第一个原因是，成文法以自然语言为载体。拥有共同的语言使得人类可以彼此交流，但通过语言表述的概念在本质上是不准确的。在日常交流中，语言表述的不准确性，可能不会带来什么麻烦，因为语言使用的上下文语境常常足以使意义变得明确。所以，如果一个房间里同时有一只已经喂饱的猫、一只陶瓷猫、一支九尾鞭（英文的字面意思是九尾猫），以及一只母猫和她刚刚产下的五只小猫仔，你说"请给猫喂食"，那么我立刻就会明白你的意思，那只母猫将会得到食物。语境已经让你的意思非常明确，这里的语境，甚至可能包括你在讲话的同时正在抚摸着那只母猫。当然，假如陶瓷猫被当作圣像来遵奉，而现有的食物是经过牧师祈福的，那么你的意思显然就是说食物是给圣像准备的。

现在我们来思考一下"猫"这一概念在《猫法案》（假设是在1984年颁布的）中的使用情况。这一法案颁布的背景，可能是媒体一手造成的狂犬病恐慌，这与人们面对面交流时使用语言的语境相比要模糊得多。我们进一步假设，这一法案的第一节规定，任何人"未依照本法案第二条规定事先取得猫进口许可证时，从任何国外港口把猫带入，或导致猫被带入联合王国的"，都将被处以死刑。史努克斯是一位动物标本剥制师，他结束暑期度假回国时，带回一只早已死去的猫的标本；萨德是一位鞭刑师，他带回了一支九尾鞭；雅克是一位实验派法国厨师，他带回了一条已经被去头、剥皮、除去内脏的冷冻肌肉组织，这随后被证明是一只准备送上餐桌的腌制的猫；赫胥黎抵达英国时，手里牵着拴着皮带的宠物猎豹。如果这四个人中有人违反了法律，会是谁呢？最终总会有一个人要做出裁决，一旦出现任何争议，法官就会介入。首先可以明确的一点是，仅仅把注意力集中在理解"猫"一词单独使用时的意义上是不可取的，因为"猫"这个概念本身不够明确。要使问题得到解决，必须求助于法案颁布的背景和目的，或有什么样的法案解释可以使问题明晰。法案颁布的背景和目的，可能会使史努克斯和萨德两人的案子比较容易解决，但是雅克的情况呢？他的猫可能已经感染了传染病，我们希望鼓励他这种行为吗？那么赫胥黎呢？有人可能会提出猎豹是否能够携带狂犬病毒的问题，不过就是解决了这个问题也无法使赫胥黎的案子得出最终定论，因为不仅猎豹能够携带，牛也可以携带。所以无论裁决结果如何，都会引发一定程度上的争论：如果宣布赫胥黎无罪，那么人们可能会说这样做很愚蠢，因为猎豹看起来和猫很像；如果判处赫胥黎死刑，那么他可以有理有据地提出抗议，因为他从未把猫带入英国，他带的是猎豹。这个法案中的其他用词也存在类似的问题。以"导致（cause）"一词为例。假设一艘西班牙船上的一位船员，在轮船停靠多佛港时，朝船上的猫扔盘子，因为他对这只猫有点看不顺眼，而那只可怜的猫，出于恐惧，跳下船朝岸边游去，尽管它此前并未表现出任何对游泳的热情。无论懊悔不已的船员怎样苦苦哀求，那只猫仍然不管不顾地向岸边游去。那么是船员导致了猫被带入英国，还是猫自己导致自己以这种不常见的方式进入这个国家呢？假设几名正在此地度假的游客，不忍目睹小猫在海浪中挣扎，游到海中把猫救起，充满爱心地把它带到岸上，并用沙丁鱼和奶油喂它以帮助它康复。这对判决结果会有影响吗？游客也触犯了法律吗？

第二个原因是，贯穿立法全过程的目的论本身是有问题的，立法目的可以用来指导立法解释。在上文的例子中，颁布法案的目的毫无疑问是想要防止狂犬病传入英国，我们可以运用这一目的对一些棘手案件做出裁决。但是，事实并不总能让人如愿。如果立法目的明确地指向一种解决方法，而法案的言语表述却指向另一种解决方法，我们该怎么做呢？举个例子，假设库德无尾猫是已知的一种对狂犬病具有免疫能力的猫，完全不可能携带狂犬病毒，但是很显然它仍是猫。这时我们应该以字面规定为准，还是尊重法律精神呢？当然，如果我们能通过谨慎措辞，使法规的文字表述完全符合立法目的，那么文字和目的之间的明显冲突就是可以避免的。但是，语言就是语言，要完全做到词能达意是不太可能的，况且对于什么是准确的法律目

语言就是语言，要完全做到词能达意是不太可能的，况且对于什么是准确的法律目的也不是没有争议的。这也许是因为立法本身就没有一个完全清晰的目的。

的，也不是没有争议的。这也许是因为立法本身就没有一个完全清晰的目的。当一部法令经过政府部门起草，提交上下两院进行修改并最终通过，我们所谈的目的究竟是谁的目的呢？是起草者的目的，还是部长的目的，还是投赞成票的议员们的目的（很多议员在投票过程中都是处于一种半昏睡状态）？所以，尽管在执行法律的过程中考虑立法目的很有必要，但却仍然无法消除所有的难题和疑惑。一些律师由此得出一个比较悲观的结论：唯一能够帮助准确理解立法目的的，只有使用的语言——而这又回到了第一个问题。

第三个原因我们在以前已经遇到过了，即人类不可能准确地预知未来，因此法律必须被应用或者不被应用在未预见到的新情况中，而最初通过法律的人显然无法为新情况提供法律依据。假设我们通过了船只管理法和飞机管理法——当气垫船出现后，我们该怎么做呢？气垫船究竟是一种船，还是一种飞机，还是介于二者之间？正是这类问题使我们需要衡平，衡平是使法律适应新情况的一种自由裁量权力。我们今天在运用立法时并不这样谈衡平，尽管律师过去都是这么做的，但关键之处却是相同的：法律具有内在的缺陷，这种缺陷只有通过运用一定程度的创新性自由裁量手段才能得到弥补，在成文法中，自由裁量手段被称作解释。

"解释（interpretation）"一词暗含的意思，似乎是仅仅对意义做出说明，但事实并非如此；"解释"也不只在于寻找立法者的意图，就好像立法只是努力在法律制定者和法律执行者之间沟通某种意图一样。一种可以更好地理解"解释"的方法是，想象音乐家正在演奏一段乐章，比如贝多芬的一首协奏曲，在演奏过程中，表现作曲家意图的乐谱起着十分重要的作用，但是我们不应该要求音乐家简单地将乐谱看作贝多芬为指导后来的演奏者每一步该怎么做，以重现他当年在创作这段旋律时心中怀有的音乐快感所做的努力。因为当代的音乐实践和传统、对优秀的音乐的理解、演奏者的技巧和思想，以及目前使用的乐器在设计上出现的技术性变革，都会影响演奏的过程。一次精彩绝伦的演奏，应该让当代的听众受到震撼，而不是作为有效的解释感动贝多芬的在天之灵。通过一部法律，正如同创作一首协奏曲，不能被简单地理解为下达一系列的指令。

法律具有内在的缺陷，这种缺陷只有通过运用一定程度的创新性自由裁量手段才能得到弥补。通过一部法律，正如同创作一首协奏曲，不能被简单地理解为下达一系列的指令。

　　因此，立法的兴起，把大量解释立法的工作都留给了法官，一些理论家提出：立法根本不应该把下达准确的指令作为目标；立法应该把普遍原则作为框架，让法官在先前经验的基础上研究出运用基本原则的确切方式。然而，有相当大一部分的立法起草工作，并未遵照这种大度的信任精神，而是尽可能地详述必要的细节，目的是削弱法院的权力，增强立法机构或者说现实中站在立法背后的公务员以及部长的权力。解释的问题依然存在，根据现有的安排，针对具体的成文法法规解释的司法意见，被视作为处理今后类似案件提供指导的先例，就像在普通法中，司法判决构成先例。因此，成文法法律一部分从立法机构产生，一部分从法院产生。这一传统无疑保证了法律的连贯性和可预见性，但是也让成文法披上了厚厚的司法裁决的外壳，就像停放在港口里的古老的废船，底部长满了小藤壶（一种小甲壳动物，附着于水下岩石或船底）。

随着法律解释的重要性日益凸显出来，法官和法学家创立了各种理论，试图说明法院应该如何完成它的任务，并且形成了详细的法律解释原则，目的是使法律解释变得更加简单，结果更有预见性。P.B.麦克斯威尔所著的《论法律解释》，就长篇累牍地阐述了法律解释的原则。但具有讽刺意味的是，原则发展得越详尽，就越没有多大用处，一位著名的大法官威尔伯福斯勋爵就拒绝把法律解释看作一门学科。原因是，并非任何生活中的行为都可以被简化成规则，解释就是这方面的一个代表。解释就像绘画一样，无法用数字来完成。因此，法官在解释法律的过程中，既要尽可能地尊重法律文本中的用语，又要尊重法律的明确目的，同时还要尊重制定法律的那些法官的意图。所以某一法律解释正确与否，人们常常是仁者见仁，智者见智。

> 原则发展得越详尽，就越没有多大用处。法官在解释法律的过程中，既要尽可能地尊重法律文本中的用语，又要尊重法律的明确目的，同时还要尊重制定法律的那些法官的意图。

法律论证和法律的权威渊源

法律并不像某些自发的细胞突变，是无缘无故产生的，而是源于某个地方。像"法律的渊源"这样的表述中，就体现了这种认识。

我们已经探讨过，从这个意义上理解的法律的渊源，包括判例报告和法令——我们正是从这两者中寻找某一具体领域的法律是什么。它们是法律信息的来源。从判例报告和法令记录着产生法律的事件的角度来看，它们也是法律的渊源。事实上，律师和法学学生在使用"法律的渊源"这种表述时，暗含了多种不同的含义，为了理解法律是如何发挥作用的，我们需要区分"法律的渊源"的不同含义。其中最典型的一种涉及"法律权威"这一概念。

在法院大多数的法律实践中，无论是执行普通法还是成文法，论证都是必不可少的；在一个案件中，只有当某些问题按照律师的说法是"可论证的"，也就是说，诉讼双方都言之有理，都可能获胜，这样的案件才涉及法律问题。当双方辩护律师意见相左时，法庭就是让他们展开辩论并最终做出裁决的地方。在存在争议的案子中，多数论证都是直接围绕双方对事情的真相，即"究竟发生了什么"各执一词展开的。类似的纠纷只有依照常理，从提交给法庭的证据中得出推论。辩护艺术就主要体现在这些事实分歧中。优秀的辩护律师，可以滴水不漏地展现他的当事人对事实的陈述，攻击对方的陈述，从而使前者听上去更为合情合理。辩护实际上就是利用普通人的常识去说服法官，但是辩护必须是在一个人为的法律框架内进行，该框架不仅受到程序原则和证据原则的制约，受到个人行为方面的惯例的制约（英国的庭辩律师与他们的美国同行相比，在这方面受到的约束要更多），而且受到说出"谁必须证明什么""如果证据充分问题应该怎样解决"之类规定的规则的制约。所以，刑刑法遵循的原则是，除非控告方能够充分证明对方有罪，否则被告就是无罪的；而在民事案件中，哪方的论证更合理哪方就获胜，哪怕只是以微弱优势获胜。

法遵循的原则是，除非控告方能够充分证明对方有罪，否则被告就是无罪的；而在民事案件中，哪方的论证更合理哪方就获胜，哪怕只是以微弱优势获胜。法律框架不同于常理的一个例子是，法律论证排除了犯罪前科的干扰，而按照常理，这显然是有影响的。

然而，诉讼双方的争论点可能不是事实方面的，而是关于相关法律是什么，或者法律应该如何运用到事实中。假设犯罪嫌疑人在抢劫银行时，误认为枪里没有装子弹，不小心开枪将一名保安打死，在审理这起谋杀案的过程中，就被告杀死保安的事实不存在任何疑问。问题是：这究竟是谋杀，还是过失杀人，还是压根不属于犯罪？这里存在争议的不是发生了什么，而是已发生事件的法律重要性，是关于法律而不是事实的争论。法律纠纷有各种形式。可能是非常抽象的纠纷，比如怎样清楚确切地为谋杀下定义。因此在

法律纠纷有各种形式，既可以是非常抽象的，也可以是更加具体的。

由审判团进行的审判中，法官必须在面向陪审团成员的讲座中，指明抽象意义的法律是什么，这个过程叫作指导。指导必须是正确的，如果出现严重错误，上诉法院就可能会推翻原法院的判决。此外，法律纠纷也可以是更加具体的，涉及具体案件的事实怎样符合一个给定的定义。比如，只有当某人患有"精神方面的疾病"时，才可以使用精神病辩护事由。就像不久前发

生的一例杀人案中，造成被告杀人的原因是为他的大脑供血的动脉出现硬化，因此大脑供血不足。这应该属于身体方面的疾病，还是精神方面的疾病呢？尽管听起来有些奇怪，一些法律纠纷确实是关于某些分类问题究竟属于事实问题还是法律问题的纠纷；在审判团的审判中，这个问题至关重要，因为事实问题将会交由审判团来裁决，而法律问题则会由法官来判断。举个例子，《1968年盗窃罪法令》中明确规定：只有不诚实地秘密窃取他人财物的人，才可以被指控为偷盗。假设某人违反店主的规定，从商店的钱箱里拿走了一些钱，目的是用这些钱往家里打个电话，并准备在当天晚些时候就把这些钱还回去，那么，是应该由陪审团在没有法官指导的情况下决定这种行为是不是不诚实的，还是应该将其当作法律问题交由法官来决定？

法律的权威渊源

我们已经看到，针对事实纠纷的论证，主要诉诸普通人具有的常识（比如，指控对方犯下谋杀罪的律师可能会指出，将死去妻子的尸体沉入湖底的人通常都不怀好意）。然而，追求法治却要求：关于什么是法律的论证，应该呈现出诉诸法律本身的特点。法律当然应该说明自身是什么。法律论证中存在这样一条硬性惯例，即律师在论证中应该指明，因为法律是这样规定的，所以这就是法律。律师要想让法官相信某种法律观点是正确的，通常采用的具体法律途法律代表着法律传统，它正是通过综合各种授权或证明来说明法律是什么这一问题的，而什么算作权威则取决于被法学界接受的惯例。

径就是诉诸权威，权威（authority）是指已被普遍接受的、明确某一特殊命题代表法律的授权或证明。法律代表着法律传统，它正是通过综合各种授权或证明来说明法律是什么这一问题的，而什么算作权威则取决于被法学界接受的惯例。惯例是十分复杂的，既没有完全确定下来，又不清楚，并且随着时间的推移还可能会发生巨大的变化。但是在一段确定的时间内，仍然存在某一惯例体系。在普通法传统中，主要的法律的权威渊源包括由立法机关制定颁布的法律，比如典型的《议会法案》，还包括司法裁决以及法律拟定专家对法律的陈述。因此，当一位律师说参阅权威时，他的意思是参阅成文法汇编、法律报告，以及各种专业法律文献。这些文献可以作为他的理论支撑。

法学界内部奉行的惯例，决定了存在哪些权威，以及怎样运用这些权威，当然，惯例之所以重要，仅仅是因为在它们的基础上产生的司法裁决在社会上被广泛接受。但是，公众对于"这些惯例是什么"只有极其模糊的认识。许多人，包括处在法律学习初级阶段的法学学生在内，都幻想这些惯例具有很强的系统性，从而使法院的工作变得十分机械，法院需要做的只是发现法律，然后运用。这样的信念有利于公众接受司法裁决，但是律师永远不会相信生活是如此的简单。

律师就法律展开争论的过程，体现了用权威著作进行推理的方式：律师提出尽可能多的理由来证明他们的观点是正确的。对于案件双方的辩护律师来说，这些理由的功能在于，使他们的辩论对法官产生更强的说服力。拥有最终决定权的法官也要陈述理由，为他们的裁决辩解，目的是使整个法律界相信他们的裁决是正确的。法官并非简单地像宣布神谕一样宣布判决结果（尽管曾经存在这种做法），就像陪审团不需要为他们的裁决做出任何解释。这就是为什么法律是一门理性的科学：要说明这个命题或那个命题是对法律的正确陈述，是需要提供理由的，即使在没有提供理由的时候，人们也至少相信理由是存在的。诉诸权威的理由，可以引用由某一个人或机构做出的关于法律较早的陈述，他们关于法律是什么的论述，可被看作能够证

> 法律是一门理性的科学：要说明这个命题或那个命题是对法律的正确陈述，是需要提供理由的，即使在没有提供理由的时候，人们也至少相信理由是存在的。

明论述正确性的结论性论证或有说服力的论证。比如，威廉·布莱克斯通爵士在其关于英国法的著作《英国法释义》中对当时英国法律的论述，就被人们普遍地看作结论性论证，书中论述的就是当时的英国法。辩护理由可以采用的另一种形式是参照早期的法院裁决，当时的例案在相关方面与当前的案件有相似之处，而当时拥有裁决权威的法官正是基于相同的法律观点做出了最后的判决。这两种类型的理由（一种提到了陈述，另一种提到了行动），都利用了过去的说法或做法来论证当前应该采用的做法。因此，依赖这类辩护理由的律师，不会说"这是法律，因为我是这样说的，或者因为在我看

来这是合理或公平的，或者更有可能使人类的幸福最大化，或者因为我已经收取了高额的费用要这么说"，而会采用另外的说法："这是法律，因为它和其他人（有权说明什么是法律的人）曾经的说法是一致的，或者和早期的法院处理类似案件的方式是一致的。"

对权威的依赖，去掉了裁决中的个人色彩，大大削弱了诉诸权威的人的个人观点的重要性。用权威进行推理，也表达了这样一种观点——争论中的问题不是尚无定论、有待解决的问题，而是已有结论的问题。

议会立法作为权威

就议会法案而言，它是当前被普遍接受的宪法原则，一直以来都受到法官的尊重，法院无权评论议会法案的基本内容，也无权因为议会法案违反了某个更为根本的原则而拒绝承认它的法律地位。议会法案中的规定就是法律，这一事实无可辩驳。过去曾有这样一种说法，"违背了自然法则的成文法是无效的"，但是这一观点已经不再被法学界接受，因此也构不成法律。所以对于议会以任何方式在任何领域的立法权力都不存在法律限制，因为议会是最高立法机关，不像美国国会，还会受到更高的法律的制约。因而，法院也就完全处在议会法案的约束下，意思就是说，根据法律惯例，议会法案的文本本身就是法律，这一点毫无疑问。我们之前讨论过，法官有解释立法的责任，但是他们的解释永远不能对文本作为法律的地位构成任何威胁；为了做到这一点，法官称自己的工作仅仅是寻找议会的真正意图。

议会主权原则用来表述对法院和议会之间关系的传统理解，它和大多数基本法律原则一样，也会遇到困难。比方说，如果议会有权通过任何法律，它能通过一项法律取消它至高无上的权力吗？不过这类难题，就像那些考验神学家智慧的难题（如果上帝是万能的，他能自杀吗？）一样，尽管很有趣，

但却没有什么实际意义。而随着1973年我们加入欧共体，越来越多的潜在问题已经渐渐暴露出来，一些人指出，议会可能会最终丧失主权。主权一词带有强烈的感情色彩。

司法先例作为权威

与议会立法相比，司法裁决用作先例的权威地位要复杂得多。它首先涉及对等级制度的尊重。一般来说，低等法院要绝对服从高等法院的裁决，所以高等法院的法官必须接受上诉法院或上议院的裁决，而上诉法院相应地也必须服从于上议院，不过上诉法院也会时不时地违背这一原则。最低一级的法

如果议会有权通过任何法律，它能通过一项法律取消它至高无上的权力吗？类似这样的难题，就像那些考验神学家智慧的难题（如果上帝是万能的，他能自杀吗？）一样，尽管很有趣，但却并没有什么实际意义。

一般来说，低等法院要绝对服从高等法院的裁决，所以高等法院的法官必须接受上诉法院或上议院的裁决，而上诉法院相应地也必须服从于上议院，不过上诉法院也会时不时地违背这一原则。

官，比如地方法官或巡回法官，则必须遵照其他任何法官的做法。第二点涉及的是传统的制度化，即过去制约着现在。因此，即便是受理上诉案件的法院，特别是上诉法院和上议院，也要受到它们自身先前裁决的约束。但是这条原则并不是绝对的，因为这一惯例也存在一些例外情况。此外，所有先前的司法裁决，尤其是由高等法院法官或上诉法院法官做出的裁决，在整个自上而下的司法制度中被视作有说服力的权威。意思就是说，这些裁决具有建设性作用，但不具有强制性，因此宣称"有说服力的权威是错误的"可以被接受；但如果权威是有约束力的，尽管这种做法也时有发生，却是不被允许的。

与运用成文法相比，运用司法裁决作为权威的不确定性要大得多。这有以下四个原因。

第一个原因是，司法裁决与成文法不同，表达司法意见的文本本身不具有权威性。尽管记录在法律报告中的司法裁决，被用作法官对什么是法律的陈述的源文本，但是人们认为，裁决的权威地位最终仍取决于做了什么，而不是说了什么。这与人们对待成文法的态度是不同的。如果议会通过了一部偷盗法，就像《1968年盗窃罪法令》，那么立法的文字表述就构成了所有论证的基本出发点。可以肯定的是，就法案中的语句到底是什么意思，或者该如何被应用到一个复杂的案件中，仍会不可避免地存在各种不确定性，但是我们至少可以从文本出发，而且在大多数情况下，文本的意思还是很明确的。这不是司法裁决奉行的惯例；在司法裁决中，被认为具有权威性的是作为裁决基础的理由，律师称之为判决的理由。对这一惯例的其他表述宣称，至少在普通法的裁决中，一个例案仅仅是独立于任何具体例案存在的法律深层原则的权威出处，仅仅是这些深层原则的例证。大量的法律文献都试图简明扼要地阐明这些观点，但都没有成功，这些观点正式地指出，认为"法律存在于专家律师的集体理性意识中"的看法，从本质上来说是不准确的，正如人们也可以用这种能够被人理解但同时也会使人困惑的方式去看待文化。

> 认为"法律存在于专家律师的集体理性意识中"的看法，从本质上来说是不准确的，正如人们也可以用这种能够被人理解但同时也会使人困惑的方式去看待文化。

第二个原因是，人们承认议会能够创造新的法律，而法官，按照传统观念对他们角色的理解，不过是法律的仆人——他们的责任是适用法律，而不是创造法律。大量文献都涉及适用法律和创造法律之间的差别，这些文献大致可分为两派：一派认为这样的区分有道理，另一派认为没有道理。无论这一古老的理论之争孰对孰错，把司法先例用作权威的做法，在很大程度上受到从有限的司法功能概念中衍生出的两种观点的影响。第一种观点是，司法裁决只有在与相关法律领域的整体司法裁决趋势保持广泛一致的情况下，才具有权威性。第二种观点认为，既然创造法律不是法官的工作，也就不能仅仅因为他们在公认的棘手或边缘例案中说了什么，就认为他们所说的具有权威性。权威性必须源自别

> 先例只有言之有理，只有与正确的理性保持一致，才具有权威性。

处，比如源自法官言论的内在理性或者言之有理。从这两种观点中得出的结论是：先例只有言之有理，或者往更大处说，只有与正确的理性保持一致，才具有权威性。

众多的法律论证都是在争论案件之间的相似之处与不同之处，律师常常只是在口头上说说先例的重要性，而以似是而非的差异性为借口来逃避先例的制约作用。

第三个原因是，普通法体系中的尊重先例原则，被认为是源自一条基本的正义原则——同样情况同等对待。所以，早期的例案只有当其处理的情况在相关方面与当前案件相似时，才能作为权威被尊重。而先例是否类似于当前的案件，可能存在很大的争议。因此，众多的法律论证都是在争论案件之间的相似之处与不同之处，律师常常只是在口头上说说先例的重要性，而以似是而非的差异性为借口来逃避先例的制约作用。

第四个原因是，惯例只对司法意见的书面形式做出了极其宽泛的约束，这使得对司法裁决做出的解释往往都显得杂乱无章、冗长繁琐和晦涩难懂。如果说司法意见有一个标准形式，那么在普通法传统中它采用的就是修辞论证，就像律师提交给法庭的论证。法官把他们在当律师时形成的习惯——辩论——带入了法庭中。如果回到16世纪，当时法官在处理棘手案件时的做法是：公开相互辩论，直至达成一致意见为止。出现在早期法律报告中的正是这些辩论，报告甚至可能对最终获得一致同意的判决理由只字未提。今天，法官之间的辩论通常在休息室进行，因此是不公开的。但是，今天的惯常做法是：法官公开陈述做出最终判决的理由，当法官意见不统一，案件按照多数人意见做出判决时，持异议的法官通常会陈述他（们）认为理应做出的判决的理由，他（们）在陈述时往往会旁征博引，滔滔不绝。这种辩论形式，并不是一种能够阐明法律观点、为未来的法院提供引导的理想方式。最理想的状态是，普通法的司法意见可以措辞优雅，但能够解释清楚对案件做出如此判决的理由，不过大多数司法意见都不能达到第二点要求。此外，上诉法院的法官似乎也不擅长相互合作，在司法意见中简明扼要地总结他们形成的统一意见（法官们常常意见不合）。成长于律师传统中的普通法法官是个人主义者，并且经常以自我为中心；他们也没有形成良好的司法习惯。所有这一切可能听上去很可悲，但是它也有好的一面——英国法律体系的缺点，恰恰使其保持了灵活变通性，如果没有这些缺点，这种灵活性可能也会随之消失。

> 最理想的状态是，普通法的司法意见可以措辞优雅，但能够解释清楚对案件做出如此判决的理由，不过大多数司法意见都不能达到第二点要求。

法学专著作为权威

法学专著在普通法体系中发挥着至关重要的中心作用，它在现代社会偶尔也以其他文献形式（比如期刊文章）出现，不过它的中心作用常常被掩盖。普通法主要通过法院对现实案件做出的裁决建立起来，并按照年代顺序在法律报告中被记录下来，这使得普通法不可避免地产生了不连贯性。关于这一问题的传统理论是，在法律报告记载的成千上万的例案背后，潜藏着普通法的深层基本原则。怀疑论者有时会怀疑这些原则是否真的存在，或者仅仅是律师为了用高尚的外衣掩盖他们的罪恶行径，并假装法官是在适用法律而非创造法律而编造的谎言。对怀疑论最好的驳斥，就是指明这些原则是什么。所以，法学家们曾一度试图通过出版基本法律原则汇编来证明他们的理论，并把这些原则称为法律格言。例子包括："任何人不得因违法而获利"，"寻求衡平救济者须有一双洁净之手"，"自己不能成为自己案子的法官"……类似这样的格言还有上百条。法律格言往往是用拉丁语来表述的，这给它们蒙上了一层古朴和使人崇敬的色彩："依他人为之者，为自己为之（qui facit per alium facit per se）"以及"无心之过不算犯罪（actus non facit reum nisi mens sit rea）"。事实上，在现实生活中，有些格言的年代古老到可以源自查士丁尼下令编纂的法典。有些格言在律师的法律论证和说明中仍会被用到，并已深深地植入法律中。人们认

> 法律格言的地位，是由它们自身所包含的内在理性决定的。

为，法律格言的地位，是由它们自身所包含的内在理性决定的。

到了更为现代的时期，专著作者（而不是格言收集者）通过在法学教科书中对法律进行论述，使传统的普通法理论得到进一步充实；法学专著以普遍原则或学说为核心，分章节系统论述，运用权威例案支持书中的观点。这些著作实际上整理了杂乱无章、千头万绪的法院裁决，使之变得系统化、条理化；例案在书中被用作基本

原则的例证或推论。律师在提到这些专著时，经常会用一种略带调侃的口吻——比如他们会说《萨尔蒙德论侵权行为法》仅仅是一本书而已，而不是什么可口的美食（英语中"萨尔蒙德"一词与"鲑鱼"一词的发音相近），类似的例子还有《莫里斯和里奇论永久权》或《拜尔斯论票据》，后者的作者是维多利亚时期的一位律师，后来成为法官。拜尔斯在实际生活中有一匹马名叫比尔斯（英文是"bills"，与"票据"一词同形），因此当他骑在马背上时，他的同事常常会幽默地说："看，拜尔斯来了，骑着比尔斯。"（这句英文也可译作："这就是《拜尔斯论票据》。"）

一直以来，法学专著和法学百科全书等其他体系化著作，都被视为律师获取法律知识的来源。实际上，低等法院常将书中的论述奉若神明。比如，在英国的每一个地方法院，都可以看到装在塑料盒中的《斯通法官指南》，而对于英国的每一位巡回刑事法庭法官来说，《阿奇波尔德论刑事辩护、证据和实践》也必定是人手一册。法官极少对这类文本提出质疑。但从理论上来说，专著作家的论述只是一种有说服力的权威，唯一的例外是15世纪利特尔顿关于土地法的论著，人们将其当作成文法来对待。不过，现代著作中的某些章节，有时也具有相似的法律地位。

过去有些法官由于担心专著作家成为他们的竞争对手，有时会拒绝承认这些作家的权威性，除了爱德华·科克爵士和威廉·布莱克斯通爵士等一小批已经担任司法职位的经典作家。还有一条曾经一度盛行的奇怪原则，即专著作家只有在发表完最后的思想去世之专著作家常常受到排挤和轻视、他们的著作也不被承认是法律渊源之一一个很重要的原因就是，很多专著作家都不是成功的律师。实际上，这也正是他们会转向著书立说的原因所在。

后，才能获得权威地位。因为一旦他们辞世，他们的竞争对手就不会感到有任何威胁了。所以，专著作家常常受到排挤和轻视、他们的著作也不被承认是法律渊源之一一个很重要的原因就是，很多专著作家都不是成功的律师。实际上，这也正是他们会转向著书立说的原因所在。

今天，专著作家的权威性已经得到普遍认可，和过去相比，人们在文章中引用专著中的原话时，也较少会标明出处。法学专著对法律影响的大小程度，取决于多种因素。一些著作由于质量高，出版之后迅速享誉内外。不过大多数情况下，它们的影响力都是随着时间慢慢积聚起来的；律师在出名之后，仍保留着查阅学生时代阅读的书籍的习惯，而很少引用同时代其他律师的著作。那些首先对某一法律分支做出全面阐述的著作，常常能够取得权威地位。在再版年代久远的名著时，一种奇怪的做法是，标题页仍然保留原作者的名字，但书中的内容已经经过了后人的改动。任何人都不会被书中伪造的痕迹所迷惑，但是改动之处仍然神秘地保留了原作者的个人权威，并且成为法律历史传统的一部分。这样的例子有很多，其中一部是《奇蒂论合同法》（*Chitty on Contracts*），这本书是由约瑟夫·奇蒂（Joseph Chitty）于1826年完成的。约瑟夫于1838年去世，但是他的名字却一直保留了下来，因为多卷本的《奇蒂论合同法》仍在出版。据我所知，"新版"的《奇蒂论合同法》是在一位总编辑的领导下，由众多法学家共同完成的，现代版的书中没有一句话是由约瑟夫所写。现在1826年的原版已经很少能看得到了，如果说现代的编者中没有一位曾经亲眼见过原版书——更别提阅读了，我也丝毫不会感到奇怪。这些"新版"著作可能出现的最糟糕的情况是，那些从早期版本中保留下来的怪异语句就像城市

什么算作权威（担保某一论述是正确的法律论述）、权威有多重的分量（是具有约束力还是只具有说服力，如果是后者的话，有多强的说服力），取决于法律辩论的惯例。

中的考古遗址，被深埋在一层又一层的垃圾下面，有时对它们追根溯源也是一件有趣的事。几年前出版的一种《斯特劳德法律词典》版本仍然保留了一些诺曼法语，律师在17世纪已经不再使用这种语言了。弗雷德里克·斯特劳德计划通过统一法律语言来统一大英帝国的所有法律，他从包括16世纪的《古法律词汇》在内的早期著作中照搬了许多词条。在最近出版的词典版本中，有一个词条仍然使用的是诺曼法语，但被现代的编者忽略了。

法律作为理性

我们之前已经讨论论过，什么算作权威（担保某一论述是正确的法律论述）、权威有多重的分量（是具有约束力还是只具有说服力，如果是后者的话，有多强的说服力），取决于法律辩论的惯例，特别是上诉法院奉行的法律辩论惯例。法学家在阐明当前的惯例是什么，

一些法学理论家认为，如果没有用来告诉人们法律是什么、帮助人们认识法律的原则的存在，也就不可能存在我们所理解的法律体系。

法律惯例在很多方面都是模糊不清的，并且像社会习俗一样，也会随时发生改变。

并将惯例表述成一条条的原则方面，投入了大量的精力，相关论述出现在面向法学学生的标准入门性书籍中。一些法学理论家走得更远，提出如果没有用来告诉人们法律是什么、帮助人们认识法律的原则的存在，也就不可能存在我们所理解的法律体系。

不幸的是，惯例在很多方面都是模糊不清的，并不是所有的可能性都被包括在内；并且像社会习俗一样，法律惯例也会随时发生改变。举个例子，按照以前的习俗，进入餐厅必须系领带，这条规矩到现在已经变成非强制性的了，而且最终可能会被人们认为是条很古怪的规定。在1966年以前，上议院必须遵守自己早期做出的裁决是一条公认的法律惯例。事实上，很多人花费了大量笔墨来论证这一惯例有多么不合理，但却丝毫无法撼动它的权威地位。直到1966年的一天，上议院的法官们突然改变了这一切；他们宣布即日起，将听取认为他们过去的裁决不正确的论辩。因为公众普遍对此既不知情，也不关注，所以没有人提出反对意见；律师则对新惯例表示了欢迎。最终，在没有人抗议的情况下，新惯例取代了旧惯例。正是由于这些原因，不可能对法院奉行的惯例做出全面而准确的阐述。法律生活是相当复杂的。

此外，根据律师职业和法院的惯例，辩论并不仅限于那些有权威支撑的辩论，无论是有约束力的权威，还是作为重要参考意见的权威。当法院在审理一个棘手的案件时，除了听取权威支撑的辩论外，还要听取理性支撑的辩论——意思是，任何诉诸被我们笼统地称为常识的辩论，也可以提供给法庭。司法裁决通常可以全部或部分地被常识性概念证明是正确的。这里使用的"常识"一词是一个概括性术语，其中包括的许多观点构成了人类共有的文化，并为人类的行为提供了正当的理由。想要穷尽这些观点是不可能的，它们包括了道德和伦理问题、公平和正义问题、实际便利的概念、对人类行为和生活其中的世界的概括、法院在社会中扮演的角色，以及法院应该受到哪些限制等观点。因此，提交给法庭的论辩要点清单也是多种多样的。

　　下面两个例子或许可以帮助读者更好地理解法律中理性辩论的开放性。我曾在前文

> 法律是显露的道德，道德是隐藏的法律。

中简要地提到过，在1884年做出判决的著名的女王诉杜德利与斯蒂芬案（*Regina v. Dudley and Stephens*）中，两名水手杀死了一名船上的服务生，用死者果腹充饥。他们在轮船失事后处于极度的饥饿中，认为杀人是保护自己生命的不得已之举；无论读者是否相信，当时船上的水手都认为，如果食物耗尽，用人肉充饥并没有什么不妥。两名水手的辩护律师认为，当时的绝望处境可以作为他们受到的谋杀指控的抗辩理由；如果存在这样的抗辩，可称之为紧急避险抗辩。虽然船长礼节性地通知了那名服务生他的死期将至（"理查德，现在你的死期到了。"），但是这样的决定并未事先与服务生商量。法院最

终认定这起杀人案件属于谋杀，做出这样的裁决主要受到下列观点的影响：

> 应该保护弱者不受强者的欺凌。
>
> 法律应该保卫生命的神圣。
>
> 极度的诱惑不应该成为犯罪的借口。
>
> 在遭遇险境时，有责任牺牲自己的生命。
>
> 法官不应该让自己对被告的同情影响依法判决。

上述道德准则，是被当时中产阶级接受的常理中的一部分；除了最后一条，其他四条从法律的角度出发都不太能站得住脚。法院同时认为，如果接受两名水手的抗辩，可能会为更严重的罪行提供可乘之机（人们很容易虚报和夸大所处的险境）。这也是关于人性的常识性观点。这些从理性角度做出的辩论与其他基于权威的辩论结合在一起，两名水手最终被判处死刑，不过他们很快就得到了赦免。

在另外一个有趣的民事案件巴克尔诉霍姆斯案中，上诉法院必须决定：对家养的宠物狗造成的损失做出了规定的法律，是否也适用于家养的宠物猫。案件中的猫既反常又贪婪，它对鸽子有一种特别的嗜好，吃掉了邻居饲养的很多鸽子。按照常理，对不同种类的家养宠物分别适用不同的法律似乎说不通，法院在判决时在很大程度上受到了这种常理的影响。在狗的案例中，法官认定狗的主人在不知情的状况下，对于狗的非自然习性不负责任；同样的原则也适用于本案中猫的主人，因为他对他的宠物的奇怪嗜好一无所知。同样道理，我曾养过一只猫，它非常喜欢吃奶油杏仁糖，并且经常偷吃。只有在我知晓了它的这一爱好后，法律才能要求我对它严加管束，或者为它造成的损失提供赔偿。同等地对待猫和狗这一论辩部分，基于对法律连贯性的尊重，部分源于我们的社会对猫和狗所持看法中的常理。当然在古埃及，不同于狗，猫被看作通神性的动物，这时常理可能会产生完全不同的结果，因为以社会习俗为基础的常理与时间和地点都是相关的。

法律的不确定性

法律惯例没有对法律权威的使用做出明确的规定，再加上法律辩论本身的开放性特点，以及法律辩论运用基于常识的理性来证明法律命题的合理性，共同导致了这样一个结果，即不可能以一套规则的形式来设计综合测试题去阐述法律是什么。这就意味着，法律在一定程度上具有固有的不确定性，司法裁决的过程永远不可能符合法治理想。无论法官怎样努力去实现这一理想，根本不存在只有唯一正确答案的测试题，哪怕答题人有再大的智慧，付出再多的努力。

一个法律体系的基础，必须建立在一条或一套基本的认识原则之上，从而律师能够至少在大多数时候比较确定地说出法律是什么。但是由于法律在一定程度上具有固有的不确定性，司法裁决的过程永远不可能符合法治理想。

法律决定和其他形式的现实决定

一样，遵循着没有定论、开放性的推理过程，这一推理过程，通过法律惯例，对法院可选择的范围做出了限定。

　　包括律师在内的很多人都认为：这种情况不仅令人困惑，而且在学术上也是无法让人接受的，因此，他们一直努力发展法律理论，以便将问题或法律并不真正存在这一说法出现的频率降至最低。一些人认为，除非存在这样的测试，否则谈论法律是毫无意义的。哈特在《法律的概念》一书中提出了一个著名的一般法律理论，他认为：一个法律体系的基础，必须建立在一条或一套基本的认识原则之上，从而律师能够至少在大多数时候比较确定地说出法律是什么。不过哈特也承认测试并不能解决所有问题，但却能解决不少问题，这也是为什么律师认为很多法律问题都是确定的、容易回答的。但是持这种观点的人，从未真正告诉我们这些基本原则准确地说是什么。一位近代著名的作家德沃金教授，把对这些问题的理解向前推进了一步，他认为法律一直在为所有的棘手案件提供独特的正确解决途径，尽管他也承认，在现实生活中，人们可能会忽略正确的解决办法。德沃金在书中创造出一位名叫赫拉克勒斯的超级法官，他的理论正是围绕这名超级法官展开的，赫拉克勒斯被描述成肩负寻找羞答答地躲藏在法律传统中所有法律难题的正确答案的重任。德沃金在描述超级法官是如何完成任务的时候，运用了文学批评和写连载小说的方法，滔滔不绝地记述了诸如祈求神的指引，以及吃营养餐等实际做法。然而，这本书并没有起到什么实际作用，德沃金的真正目的在于发展一种谈论和思考司法过程的方式，在司法过程中，遵照既有法律和从法律传统中生发新法律二者的界限常常是模糊的。德沃金的思想是否会得到人们的广泛认可，我们仍需拭目以待。

这类理论的潜在动机，是想要证明法治在理论上是一个可以实现的理想。理论的提出者似乎坚持认为，只有每个案件都能实现法治，法治理想才能实现。这里"能够（could）"一词至关重要，实质上是承认很多法官不可能像赫拉克勒斯那般完美，所以常常会做出错误的决定。想要证明法治理想在理论上是可实现的这一愿望，反映出一种奇怪的观点，即认为只有理想（这里是指法治）在理论上是可以实现的，只有追求理想才有意义，就像艺术家只有认为可以达到完美的境地，才会去尽力追求完美。当然，并不是所有人都赞同这种对理想的认识。圣人能够追求神圣，但并不认为在理论上有成为上帝的可能，他们只是希望能够更加接近上帝。另外一种解释就是，像德沃金教授一样属于法律讨论中早已确立的一种传统的极端理想主义者，很难接受法律是现实生活的一部分这一事实。他们对法律的看法，就像很多人对道德规范的看法，除非形成客观道德真理，否则他们将寝食难安。但是，法律是人类的实践行为，在现实生活中，很多有待解决的问题，确实没有能够证明正确的解决办法，就算宣称理论上必然存在正确的解决方法也于事无补，除非有办法判断这一理想是否已经实现。在现实生活中，我们把理智地做决定看作比掷硬币更好的办法，尽管在很多情况下也找不到有说服力的理由。就像在饭店点菜时，我们决定点一条鱼，而不是菜单上的其他菜。之所以点鱼而不点鹿肉，我们总归有自己的理由，虽然理由可能不够有说服力，甚至可能是错误的，当然，如果对鹿肉过敏就另当别论了。

此外，追求法治的理想可以与接受将生命置于规则之下的固有限制相结合；理想主义与接受现实中的不完美并不冲突。田径运动员训练时的目标是跑得更快，但是他们同时心里也很清楚，自己永远无法达到光速。在实践中，如果司法裁决体现了对权威和传统的尊重，以及对常识的尊重，并且权衡了相反的意见，这样的裁决就是可以接受的。法律包含了多种复杂性，对法治理想的追求有时可能会与其他价值相冲突，这就要求我们重视与权威和传统保持一致，同时注意不要在做决定的过程中倾注过多的个人情感。

> 法律包含了多种复杂性，对法治理想的追求有时可能会与其他价值相冲突，这就要求我们重视与权威和传统保持一致，同时注意不要在做决定的过程中倾注过多的个人情感。

尊重法律传统，毫无疑问，产生了司法裁决高度的一致性和可预见性。当然，法律论证的惯例，甚至是论证本身，都是产生这种一致性和可预见性的重要因素。但是一致性的产生过程是极为复杂的，其中也包括众多社会整合机制的作用，这一点在许多法学观点中很少被提及。不同职业的工作人员，就像其他组织的成员一样，不仅在行动上，而且在思想上往往保持着高度的统一，我们对这一事实早已司空见惯，但却很少真正去关注。就法律而言，思想的一致性确保了整个体系表面上的一致性，也使得人们更容易接受各种法律决定。促使一致性产生的一个强有力的机制是：如果律师偏离了普遍接受的法律观点，其他律师就会提出异议。只要法律界内部在众多问题上就法律是什么保持一致，无论这种一致性是如何产生的，整个社会都将倾向于接受"法律体系尊重了法治理想"这一说法。如果公众极少意识到法律体系内部的不一致程度，就更是如此了。人们对地方法院的判决就表现出接受的态度，尽管各个地方法院对法律的解释（比如关于法律救助和准许保释的问题）往往存在很大的不同。

法律的非法律渊源

这一节的标题乍看上去似乎有些不太合乎常理，但是一旦人们接受法律推理并不像欧几里得几何学是一个封闭的系统，而是运用了基于被视为常识的理性之上的辩论，就会得出法律中的很大一部分源自法律体系之外的结论。实际上，影响和限制司法裁决的观点，从不严格的因果意义上来说，也可看作法律的渊源。

一旦人们接受法律推理并不像欧几里得几何学是一个封闭的系统，而是运用了基于被视为常识的理性之上的辩论，就会得出法律中的很大一部分源自法律体系之外的结论。

有一组极为重要的观点，包括了我们的是非观念，以及价值观。过去，法学思想家在理解众多法律来源于法律之外的道德观念这一问题时，提出了一种奇怪的说法，他们把所有取决于道德观念的理性论辩描绘成法律论证，尽管这里"法律"一词的意义十分奇怪。这些思想家提出，在形而上的意义上存在着一套法律体系，这一体系完全符合人的本性，以及人赖以生存的世界，他们把这一假想中的理想法律称为自然法。人类通过运用理性和推理，能够想出自然法的规则是什么，然后努力使自己的法律符合这一理想体系。神学对这一理论的解释是，上帝为他的臣民创造了自然法。因为人类是以上帝为原型创造出来的，具有神的理性火花，因此，尽管上帝没有通过圣经或者教会明确地告知自然法的规则是什么，人类也能自己找到答案。自然法的世俗理论，只是简单地将其归结于人类理性。自然法的命题，主要包括了我们所理解的道德准则。

许多自然法推论都是建立在"万物都有自己的目的"这一思想基础之上，其最基本原则是行善避恶。

许多自然法推论都是建立在"万物都有自己的目的"这一思想基础之上，所以自然法应该尊重这些目的。现代的通俗思想，特别是某些涉及性的问题，也包含了这一观点。比如，如果性交的目的是生育后代，那么运用避孕手段来防止达到这一目的就是"非自然的"，因而也就是错误的。同理可以推出，"非自然的"性行为，比如肛交，也是非法的，因为在这些性行为中，某些身体器官的使用，违背了原有的目的。叛国罪曾被视为一种非自然的罪行，因为它威胁到了由上帝指定的自然权力等级制度。甚至有一项议会法案将厨师投毒归为非自然的罪行，因为它违背了厨师这一职业的目的，有一位不幸的厨师甚至因此而被活活地被开水烫死了。其他的自然法推理形式，以对人类的普遍概括为依据，比如宣称所有人在一些方面本质上是相同的，因而，如果人类在本质上是平等的，法律就应该对所有人一视同仁；这一观点也可以用来说明所有人拥有或有权享有同样的权利——这被称作自然权利。因此，我们可以抨击奴隶制是违背自然的，因为它没有体现对人人平等的尊重。或者也可提出这样的论辩：既然男人和女人本质上是不同的，女人就不应该享有与男人相同的法律权利；事实上，这一点经常被用来论证女人在法律上低于男人一等的地位。今天，自然法理论在某些领域仍然颇具影响力，历来尊重法律的罗马天主教会遵奉的，就是由圣托马斯·阿奎那在数百年前提出的一套类似理论，阿奎那已将其理论发展得极为完善，后世极少再有改动。尽管脱离神学环境大量使用自然法语言已经非常过时了，但许多自然法的观点仍然经常出现在人们今天的辩论中，比如当人们在辩论某些如民主之类的政治组织形式或者如家庭之类的社会组织是最适合全面发掘人类潜能的时。人权问题是当今谈论最多的问题。

对这一问题的其他论述仅仅指出，法律不仅应该而且事实上也确实受到了所谓的道德规范或者说伦理观念或社会价值观的很大影响。实际上，从这个角度出发，一些部

法律不仅应该而且事实上也确实受到了所谓的道德规范或者说伦理观念或社会价值观的很大影响。

门法似乎不过是复杂化的道德准则。比如，刑法，至少在涉及真正的犯罪行为时，可以看作对"罪恶之人理应为其罪恶受到惩罚"这条简单的道德标准的法律表述；侵权行为法是对"伤害他人的人应该赔偿受害人遭受的损失"这一道德标准的法律表述；合同法是对"人们应该遵守承诺并履行协议"这一命题的法律表述。

大量文献研究了法律和道德之间的关系，并构建出一般理论来说明这一问题，尽管大部分文献中的论述都存在很大的争议——早期提出的相关理论讨论的是国家法与自然法的关系。法律应该惩罚不道德的行为，即使受害者无一不是自愿参与者吗？某人不赞同某一法律规定，他有遵守法律的道德责任吗？就法律和道德的关系可以提出无穷无尽的问题。无论我们是从自然法或自然权利的角度，还是从道德规范或伦理标准或社会价值观的角度出发，有一点可以明确，那就是：世俗的是非观念，以及对正确或错误的价值观及生活方式的认识，长期影响着法律，从这个意义上来说，它们也属于法律的渊源。然而，法律固有的保守性，以及法律通过尊重先例以及早期立法表现出的对已形成的传统的尊重，都决定了它的观点不可避免地落在了时代的后面。与其说我们希望法官成为未来美丽新世界的预言家，不如说是希望他们成为古老价值观的捍卫者。

　　法律也受到与道德无关的其他因素的影响。公众舆论，尽管多数情况下都是愚笨的并且缺乏理性，但必定会影响法院的裁决，因此，如果公众普遍相信某种罪行已经严重到快要失去控制的地步，法院常常就会做出比实际更重的判决，甚至不惜歪曲法律以确保定罪。这方面一个著名的案例是，1945年法院为判处爱尔兰裔美国籍的威廉·乔伊斯（人称"呵呵勋爵"）的叛国罪名成立，不惜枉法宣判。乔伊斯是"二战"期间德国电台的英语广播明星，因效忠希特勒而臭名昭著，大多数人都认为他是英国人。事实上，乔伊斯并不是英国人，他被判处叛国罪的推理过程也非常不合常理。乔伊斯曾经通过不正当手段获得英国护照，从理论上说，这使他有权得到英国女王的保护，照此推理下去，他应该效忠于女王，但事实上他并没有这么做，故而犯下了叛国罪。当然，如果乔伊斯在德国做广播明星期间寻求德国的保护，英国政府甚至可能要向他低头认错，所以整个案件的推理过程是十分荒谬的。不过单是这一点已经足够对乔伊斯处以绞刑，因为公众需要这样的判决。所谓的"道德恐慌"（实际上和道德毫无关联）影响法律的更为现代的例子，是公众对行凶抢劫的恐惧，以及对足球流氓行为的态度。在法律界，不断会出现为回应非理性的公众舆论而量刑过重的情况，人们认为这种做法可以解决一些严重的社会问题。如果仔细核实，所有过重的判决都缺乏有力的理论支撑，但却丝毫不会影响公众对它们的欢迎。有人认为，法律的部分功能就在于表达公众的愤怒或忧虑。另外一些人则认为，法院应该形成一种"奥林匹斯神"风格，不受公众舆论左右。

如果我们承认法律是一种保守的力量，就不难理解法院为什么会倾向于维持社会现有的权力分配状态，而不对试图改变现状的人或弱势群体伸出援助之手。

针对政治思想在多大程度上影响着法律或者应该影响法律这一问题，涌现出大量备受争议的文献。如果所谓的政治思想是指社会内部恰当的权力分配，那么政治思想毫无疑问与法律相关，因为司法裁决的本质就是影响权力分配。因此，如果一项判决允许警察通过不恰当手段去搜集证据，这将增大警察的权力，同时减弱被告为自己辩护的能力。如果判决允许一名歌剧演员的雇主获得一项禁令，禁止她为作为本剧院竞争对手的其他剧院演唱，这无疑也增加了雇主的权限而牺牲了雇员的利益。事实上，所有的司法裁决都可以用这种方式来看待，因此，司法裁决受到关于权力如何分配的基本思想的影响，也就不足为奇了。如果我们承认法律是一种保守的力量，就不难理解法院为什么会倾向于维持社会现有的权力分配状态，而不对试图改变现状的人或弱势群体伸出援助之手。有人言辞犀利地指出：在权威与平民、富人与穷人、强者与弱者、雇主与雇员之间，英国法官在判决时总是偏向于前者。如果这种批判成立的话，无疑会在某种程度上让公众对"法律是为所有人服务"这一说法的信任度大打折扣，这也是为什么支持这一论点的著作会在法律界引发不小的担忧。

第六章

律 师

律师是那些声称已经掌握了专业法律知识和能够熟练运用法律的实践技巧的一类人，在多数情况下他们都所言不虚，律师通过向公众或者准备雇用他的个人及机构提供自己的专业技能获取报酬。获得法律专业知识和实践技巧的途径多种多样：一个人只要下定决心，刻苦努力，就可以通过在闲暇时间广泛阅读成为一名专家律师，律师界不乏这样的先例。但在现代社会，梦想成为律师的人，主要采用两种已有很长历史的方法：成为学徒，或是参加法律学校提供的正规教育课程。

做法律工作如同修理管道、航海或做外科手术一样，实践性很强。正因为做法律工作需要技艺，而精湛的技艺只有依靠实践经验才能获得，因此，学习法律的最佳途径就是实践——不过，最初需要更有经验的人给予监督指导。

实践技巧和学徒制度

学徒制度（apprenticeship）反映出，做法律工作如同修理管道、航海或做外科手术一样，实践性很强。正因为做法律工作需要技艺，而精湛的技艺只有依靠实践经验才能获得，因此，学习法律的最佳途径就是实践——不过，最初需要更有经验的人给予监督指导。学徒制度也反映出鲜活的法（"行动中的法律"而非"纸面上的法律"）不仅仅具有理论意义。正如医学知识的功能在于救助在交通事故中受伤的人，以及大量酒后发生意外的人，而不是仅仅供人们思考，法律的功能也在于处理真实生活中的问题。从某种程度上来说，实践技能也可以在模拟情景中习得，现代飞行员正是在模拟飞行训练中学习飞行技能的。与大型民用客机或军用飞机相比，模拟飞行器的使用成本要低得多，所以大量资金被投入研发模拟飞行器中，使其更好地模拟真实飞行情景。对于律师来说，并不存在类似的模拟系统，当然，如果在这方面投入更多努力，或许是可以实现的。毫无疑问，一个重要的影响因素是相对成本：真实的罪犯要比模拟犯人便宜得多。因此，想要成为律师的人，只有在处理真实诉讼委托人的问题的过程中，通过运用法律充分发展自己的技能。所以，那些准备成为事务律师和出庭律师的人，都要经历一段学徒期。实习期的事务律师被称作"受雇秘书"，而对于出庭律师来说，学徒期则被称作见习期。

法律实践中会运用到各种不同的技巧。比如，一位优秀的出庭律师，需要提高向法官或陪审团有说服力地陈述案件的能力、利用证人和向证人提问的能力，以及学会在生硬粗暴的法官面前始终保持风度，并收敛那些会让他的朋友忍俊不禁的机锋俏语，以免伤害他的诉讼委托人。事务律师的工作，需要经常与当事人直接打交道，因此，事务律师需要具备像医生安慰病人那样鼓励当事人保持信心的能力，以及从当事人那里获得与他们寻求帮助和建议的问题相关的有用信息的能力。正如上述例子所反映的，大部分在学徒期学到的知识，并不包括法律理论知识，因为理论知识对于成功践行法律来说只能起到部分作用。此外，一名优秀的律师必须正直，这样的品格无法通过学习获得，不过，专家律师可以指导实习律师运用伦理道德去解决法律实践中的问题。

通过学徒期的学习，法律的初学者会认识到：律师的大部分工作，并不是解决当前案件应该适用哪种法律之类的难题。与之相反，律师的大部分精力主要用于找出事实真相是什么，如果纠纷已经进入诉讼程序，则

> 律师的大部分工作，并不是解决当前案件应该适用哪种法律之类的难题，而主要在于找出事实真相是什么。

需搜集有利证据呈给法院，并将能够证明的事实与基本上已经确定的法律联系起来。所以在审理绝大多数商店偷盗案的过程中，针对偷盗法本身不会产生任何争议。关键问题在于：被告是真正的健忘，还是预谋不付钱就拿走一罐豆子。对严重的犯罪行为以及由机动车交通事故引起的民事诉讼案件的审理也是如此，尤其是在审理后一类案件时，要想理清当时发生了什么、哪一方应该为撞车负责有相

当大的难度，以至于很多人都认为，与其花费这么大的力气去寻找事实真相，还不如只把精力集中在建立赔偿制度上。而像欺骗自己、故意撒谎和篡改证据以使其更具说服力等行为，则为查找真相和搜集证据的工作带来了更大的困难，在庭审案件中，这些不诚实的行为出现的范围之广，令人震惊。

大多数咨询工作中用到的技巧，都只是间接地和法律知识有关。如果委托人向律师咨询订立遗嘱或者离婚程序等问题，律师当然需要了解相关法律，但是在他有效运用自己的知识之前，他首先要帮助他的当事人在头脑中理清他自己究竟想要什么，以及存在什么样的困难，为了做到这一点，律师需要能够激发当事人的信心并获取他的信任，这些技巧并不是在法律学校里学到的。所以，这看起来似乎有些自相矛盾：律师在实践中有许多工作并不需要用到法律专业知识——当然，仍有许多工作需要用到，而且明了法律是什么将会在很大程度上帮助律师判断哪些事实是相关的、哪些是无关的。法律知识可以为其他实践技巧的运用指明方向。

> 正规的法律教育课程是由抽象的知识体系构成的，在理论上与其适用的各种情况割裂开来。法律属于规定性上层建筑，也就是说，法律规定了在特定情况下应该发生什么，而不是描述真实发生了什么。

正规法律教育

与法律实践不同，正规的法律教育课程——反映了律师用来将千头万绪的生活细节分为相关事实和无关事实的法律——是由抽象的知识体系构成的，在理论上与其适用的各种情况割裂开来。即使现实中不存在杀人犯和谋杀案件，人们仍可获得与谋杀有关的法律知识。法律属于规定性上层建筑，也就是说，法律规定了在特定情况下应该发生什么，而不是描述真实发生了什么。抽象法律可以记录在教科书、法律报告，以及成文法法条中，被人们系统地加以研读和学习；法律也可以用作讲座或辩论的主题，法律学习者通过参加书面练习和测试来检验他们对

正规教育课程的本质，决定了它在某种程度上已经脱离了现实生活，并以高度抽象有时甚至是思辨性的问题为中心。

法律实践中遇到的问题，完全是杂乱无章的，每日发生的事件都是偶然的，毫无顺序可言。

法律知识的掌握程度。正规教育课程的本质，决定了它在某种程度上已经脱离了现实生活，并以高度抽象有时甚至是思辨性的问题为中心，这并不是执业律师每天都要处理的问题。此外，通过正规课程学习法律，比边实践边学习要更简单。这是因为，正规课程可以系统安排，完全不受法律实践要求的影响。而法律实践则必然是不系统的；法律实践中遇到的问题，完全是杂乱无章的，每日发生的事件都是偶然的，毫无顺序可言。就像执业医师一样，律师必须随时应对出现的问题。病人并不是按照人体结构的顺序到医院就诊的，比如早上来看病的都是头部受伤的，中午是颈部受伤的，下午是肩部，夜里是因为脚指甲长进了肉里。正规的法律教育课程，就像人体解剖学的课程一样，将研究的问题系统化。因此，各部门法之间也就具有了内在的关联性，从而使得无论是讲座还是教科书中对法

律的讲解，都可以按照一定的顺序安排主题。事实上，将普通法系统化的主要动力，一直是为了满足教育的需要。

通过法律实习学到的知识，和通过正规教育课程学到的知识之间，并不存在绝对的区别，诸如公开演讲等实践性技能，也可以通过参加教育体系中的模拟审判和模拟法庭环节学到，同样，也可以通过使用图书馆索引和计算机掌握查找法律资料的技巧。反过来说，实习期间遇到的现实生活中的问题，也可以促进对抽象的法学理论的研究，如果意识到某种法律能被引用到实践中，更可以有力地刺激理论研究。此外，从事法律和从事其他知识型职业一样，教育不会因为初期培训的结束而停止。教育将会贯穿律师的整个职业生涯，同时因为法律处于不断的变化中，它对事物的组织也不可能静止不变。实际上，律师在训练阶段学到的以硬信息（hard information）形式存在的知识，迟早都会落后于时代。

> 律师在训练阶段学到的以硬信息形式存在的知识，迟早都会落后于时代。

有一种技能需要特别注意，即运用和理解语言的技能。在律师的职业生涯中，大部分时间都要和书面语言打交道。律师会一直用到复杂的文本，比如作为法律渊源的成文法和法律报告，并要经常起草像遗嘱、合同

> 清晰、简洁、准确地使用语言，以及区分不同表述间细微差别的能力，在法律实践中至关重要。

之类的正式文件，或者写一些不太正式的文件，比如在法律谈判中用到的信函。清晰、简洁、准确地使用语言，以及区分不同表述间

细微差别的能力，在法律实践中至关重要，尽管语言技能可以通过正规的法律教育课程得到提高，但是个人必须付出巨大的努力。对语言的掌握程度，主要取决于阅读的广度，以及接受的写作训练，对律师来说，阅读速度慢是一项严重的障碍，不过这一点可以通过快速阅读课程得到改善。不要小瞧这些问题，如果你有心从事这一行业，这些问题都值得认真思考。

律师作为专业人员

要从事律师这一职业，就必须形成专业知识体系，以及获得这些知识的途径；实际上，律师仅仅作为专家而存在。与法律演变为专业知识体系紧密相连的，是数百年来律师职业团体的变化。随着各种律师团体的发展演变，法律本身也被用来支持和维系这些团体。法律的职业化，就像医学实践的职业化一样，意味着高度分化的律师团体开始管理和限制提供法律服务的条件。

这一过程首先涉及形成某种程度的垄断，排除市场条件下的自由竞争。对于处在以法院为中心的体制下的律师来说，垄断是通过只允许律师职业团体中的成员进入法院旁听实现的。因此，普通法中出庭律师这一职业的起源，可以追溯到13世纪晚期和14世纪早期只有确定的少数人可以代表诉讼委托人出现在普通诉讼法院的

一种职业会在内部形成各种等级，对于那些希望到达职业巅峰的人来说，必须在其职业生涯的各个阶段通过一系列的关卡。

法庭上的做法。这部分人最终组成了御用状师公会，这也是普通法体系中最早出现的出庭律师。其次，御用状师的准入受到严格限制，具有代表性的是要求申请人获得各种正规资格认证。因此，准入制度是与对法律教育的管理联系在一起的。限制并不仅仅停留在职业的入门处——一种职业会在内部形成各种等级，对于那些希望到达职业巅峰的人来说，必须在其职业生涯的各个阶段通过一系列的关卡。医生这一职业在这方面就形成了极为复杂的制度，从一名医学学生成长为顾问医师必须经过很多阶段。这同样适用于律师行业，对于出庭律师来说就更是如此。通常在获准进入律师行业之后，每一步晋升都要经历不同的固定程序，比如律师会馆中的"守夜（call night）"。再次，这一团体会严格控制各成员的职业行为。由此带来的结果可能是，在怎样为公众提供服务方面，出庭律师自己要比尚未成为出庭律师者受到更为严苛的限制。这些内部规矩和限定，可以说是自我强加的，因为它们源自行业内部，尽管只是由资格更老的成员制定的。这些限定包括职业道德规范，目的是提高律师在社会中的地位和名望，并保护公众不受不正当行为的侵害。但是一些完全为了私利的限制行为，也可能会因此而披上道德责任的高贵外衣。

职业化促进了一种集体身份意识，以及一些传统行为方式的发展，许多传统行为现在看来非常怪异，比如出庭律师要戴假发。在英国，无数职业的发展历史都已超过了数百年，比如教士、医生、教授以及公务员，值得注意的是，这些职业的存在并不简单依赖于垄断：比如，就法律而言，任何人都可以建立提供法律建议的营利性机构，比如成为税务顾问。同样值得注意的是，职业化组织以及国家给予这些组织的认可和支持，被看作一种保护公众不受掌握专业技能的人侵害的机制，由此职业化组织强烈的自我营利性质也就受到了抑制。这种情况对于法律行业来说是非常普遍的。

职业化组织以及国家给予这些组织的认可和支持，被看作一种保护公众不受掌握专业技能的人侵害的机制，由此职业化组织强烈的自我营利性质也就受到了抑制。

出庭律师

英国的律师职业化进程，主要产生了两类律师：出庭律师和事务律师；今天，当人们谈论具有执业资质的律师时，他们通常是指这两类律师中的一类。

出庭律师（barristers）是从法院律师发展而来的，也就是说，他们在法庭上相当于诉讼委托人的喉舌。最初，出庭律师被称作"讲故事者"（其拉丁语意是叙述人），他们在法庭上陈述诉讼委托人的故事，直到今天这仍是他们最主要的职责。当然，出庭律师偶尔也会编造故事，已故的英国高等法院首席法官戈达德，当他刚刚从牛津获得法律学位，在老贝利（伦敦中央刑事法院）审理第一件案子的时候，他问当事人的辩护律师："老兄，你的故事是什么？"辩护律师坚定地回答道："这主要取决于你，先生。"中世纪时期，那些在英国中央普通法法院担任出庭律师的人，开始共同居住在伦敦的会馆中，当时法院就坐落在那里。随着时间发展，四大法律会馆最终保留了下来：林肯会馆（Lincoln's Inn）、格雷会馆（Gray's Inn）、中殿会馆（the Middle Temple）和内殿会馆（the Inner Temple），尽管它们的性质已经发生了很大改变。会馆是出庭律师学习和生活的地方。学院中的律师之间，渐渐形成了自上而下的等级和管理制度，并建立起为新进律师提供法律指导的体制。

林肯会馆的名字大概源于林肯郡一位名叫托马斯的律师所拥有的一幢房子，所有居住在那里的律师团体，开始被称作林肯会馆协会，他们于15世纪早期迁入契斯特主教的会馆或城内住宅，但仍保留了原来的名字。至今人们仍可在大法官巷上看到这个地方的名字——契斯特的租处。格雷会馆得名自这所会馆的律师居住在维尔顿的格雷勋爵的城内住宅中；中殿会馆和内殿会馆（曾经还有外殿会馆，但现在只有名字保留了下来）的所在地原属于圣殿骑士团，圆形的圣殿教堂尽管在"二战"中遭到了损毁，但仍保留有最初用作骑士礼拜堂的墓地，以及一些已故著名律师的遗体。这些会馆和招待所的内部结构，类似于早期牛津和剑桥大学的建筑，包括了中世纪住宅的重要构造：一间厨房，一间带壁炉的大厅，一间礼拜堂和一些私人房间，这样的布局最初主要是为了家庭使用。年轻的会馆成员或学员，被称作文书，通过当学徒来学习法律，但是随着时间发展，学院开始提供更加正规的教育。法律培训体系经过演变，包括在模拟法庭辩护席的"围栏"两侧就模拟案例展开辩论，出庭律师是模拟案例的参与者。现在众所周知的"召入围栏"（call to the bar，即取得出庭律师资格）最初指的是"召入围栏外侧"（call to the outer bar，即转入外席律师的行列），也就是从坐在"围栏"后面的低级学徒转为高级法律顾问，获准参加模拟案例的辩论。取得出庭律师资格，最初与出席正规法庭进行辩护毫无关联。出席模拟法庭的低年级学徒被称作内席律师，模拟法官从给学徒做讲座的人（"讲诵师"）中挑选出来，被称作主管委员（benchers，英文的字面意思是坐凳子的人，因为他们总是坐在长条凳上）。

英国早期有很多法律会馆，一些会馆主要为在皇家秘书处和大法官法庭工作的文职人员提供住所，被称为大法官法庭会馆（Inns of Chancery）。这些会馆也有自己的法律教育体系，但是没有一所作为法学机构被保存下来，只有霍尔本附近的一所会馆的建筑留存至今，其他会馆只有建筑名称或地名保留下来。

今天的四大律师会馆，在15世纪时地位就已远远高出其他会馆。至于这一现象是如何产生的，至今仍没有一个确定的说法。可能的解释是这样的：中世纪时期，出庭律师在普通诉讼法院（也是最重要的民事法院）中的工作，受到御用状师的限制，当时御用状师人数极少，保持在10人上下，由国王封授。所有重要的民事诉讼都由这些御用状师受理，因此他们变得非常富有。渐渐地，只有出身四大律师会馆的优秀出庭律师才有可能被任命为御用状师，而作为律师职业生涯顶峰的高等法院法官之职，则只能由御用状师担任。所以，为了到达巅峰，进入四所律师会馆之一学习，是唯一的选择。

然而，一旦成为御用状师，律师就将离开律师会馆，而搬入御用状师会馆，和其他御用状师住在一起。这些会馆随着19世纪晚期御用状师的衰落而逐渐消失。16世纪时，律师会馆垄断了在其他高等法院辩护的出庭律师资格授予权，法官只能听取由律师会馆授予出庭律师资格的律师进行的辩护。将律师会馆授予出庭律师资格与出庭发言权联系起来的，是伊丽莎白一世时期（1558—1603）的枢密院，当时的枢密院与现代的枢密院有很大不同。因此，由主管委员负责管理的律师会馆，开始控制出庭律师出席高等法院辩护资格的授予权，并最终受到法官的监管。因为会馆也有权通过取消律师资格收回律师执业许可，它们便开始控制出庭律师并规定什么行为可以接受、什么不可以接受，这在今天仍是如此。会馆的奇特地位并无立法依据，历史上对律师职业的解释是：它是以法官授权管理法庭程序为基础的。

到了现代，出庭律师的组织机构已经发生了巨大的变化。但每个律师会馆仍然是独立的，由自己的主管委员负责管理，主管委员拥有接收学生和授予学生出庭律师资格的绝对权力，不过一旦出现任何问题都需上诉至高等法院法官。除会馆以外，也出现了一个联邦性质的组织——专门律师公会评议会——来代表各会馆和会馆学员，现在，出庭律师实际上由这个组织管理。专门律师公会评议会不仅制定执业规

由于律师会馆的重要地位，任何一个想成为收入颇丰的高等法院出庭律师的人，都必须进入一所律师会馆学习，遵守由评议会和出庭律师公会制定，并由会馆主管委员正式实施的规章条例。

范，而且管理整个教育体系，后者主要由另一个机构（法律教育理事会）负责。出庭律师的违纪行为由一位主席法官领导下的委员会处理，委员会的决定，经违纪律师所属会馆的主管委员批准后生效。先于专门律师公会评议会出现的是出庭律师公会，后来对评议会的管理起辅助和补充作用。

由于律师会馆的重要地位，任何一个想成为收入颇丰的高等法院出庭律师的人，都必须进入一所律师会馆学习，遵守由评议会和出庭律师公会制定，并由会馆主管委员正式实施的规章条例。一直以来，出庭律师都垄断着法律界的最高职位，特别是高等法院的法官职位，包括普通法高等法庭的公共官员，以及总检察长和上议院大法官。这种对每一步晋升直至法官的垄断权力是由传统决定的，但现在已经具有了法律地位。在下一节中，我们将会讨论到事务律师也可能担任被出庭律师垄断的某些职位，比如现今的事务律师可以成为职业巡回法官。但是，事务律师是不能成为高等法院法官的。出庭律师对法官任命权的控制，在今天已经变得非常重要，一名出庭律师被任命为法官，代表他多年的辛苦努力最终得到了回报，并且在退休后有资格领取丰厚的退休金。全英国只有5500名出庭律师，不可能有很多人同时竞争法官的职位，所以他们的竞争并不激烈，一位避免发生丑闻并且能够胜任工作的出庭律师，在年老时基本上都会被任命为法官。但是在高等法院任职就完全不同了，那里的竞争仍然相当激烈。

以律师会馆为组织机构的出庭律师，经过若干世纪的发展，逐法庭辩护律师的工作当然会继续下去，只要需要出庭、只要有案件需要审理，但是，法庭辩护律师的存在，并不依赖于独立的出庭律师职业的存在。

渐建立起高度复杂化的限制从业体制，形成了强烈的集体身份认同感和传统主义作风，以及在法律实践中尽管时常夸大但却是值得称颂的对伦理道德标准的尊重，但可悲的是，这也使得他们很难与时俱进。如果按照目前的组织形式发展下去，出庭律师这一行业不会走得太远，但是振奋人心的是，现在已有征兆显示，出庭律师界不久可能会重整他们的各项制度。法庭辩护律师的工作当然会继续下去，只要需要出庭、只要有案件需要审理，但是，法庭辩护律师的存在，并不依赖于独立的出庭律师职业的存在。

事务律师和法律代理人

事务律师并不是起源于庭辩律师。在英文中，"事务律师（solicitors）"这个名称最初的意思，非常接近于我们现在所说的"中介"——事务律师是和大法官法庭联系在一起的一类律师，由于管理法庭审理案件列表的法庭职员令人震惊的工作低效率，许多案件的审理常常因此而陷入停滞状态，事务律师的工作就是加快委托人案件的审理速度。这被称为"鼓动性原因"。今天，在一些行政管理制度不完善、腐败现象比较严重的国家，仍然存在类似的"中介"，他们为了得到报酬可以设法帮助你的货物通过海关，或者确保你的护照申请在明年圣诞节前送至审批。事务律师处理法庭中的相关事宜，但是自己并不作为辩护律师出现在庭审现场。在大法官法庭和普通法法庭上，出庭辩护的工作都是由出庭律师承担的。事务律师相当于普通法世界中的法律代理人。法律代理人就是代表委托人处理法律事务。经过官方承认的代理人由普通法法院任命，作为法律代理人，他们在完成整个正式诉讼过程时，对委托人有约束作用，代理人同时垄断了代表委托人完

> 事务律师是和大法官法庭联系在一起的一类律师，由于管理法庭审理案件列表的法庭职员令人震惊的工作低效率，许多案件的审理常常因此而陷入停滞状态，事务律师的工作就是加快委托人案件的审理速度。

成诉讼的权力。代理人在法律程序中可能会做出各种不正当行为，所以法官严格控制代理人资格申请和执业行为。如果代理人由于违法行为被剥夺了执业资格，他需要经历一种降格仪式，他可能真的会被扔出法院大门。事务律师一样，代理人也不是庭辩律师，在诉讼过程中，他们并不出现在法庭上代表委托人进行陈述和辩护。

代理人和事务律师（一个人可以同时成为代理人和事务律师），可以受理需要用到法律知识的多种事务。除了法庭下与诉讼相关的事务之外，他们的工作还包括起草遗嘱，以及房地产管理和财产交易等活动，前者在现代社会已经由事务律师接管，后者则由法律之外的另外一个行业负责。代理人和事务律师都曾是多面手，在很多如管理咨询师等专门职业还未出现的时候，他们有权自主选择经营事务。现代的事务律师，将过去的代理人和事务律师融为一体，并

接管了过去由书记公证人负责的财产转让事务。书记公证人是文书撰写人，为顾客起草法律文件，这一职业在现代已经消失了。

事务律师受理的部分业务，是通过获得垄断权保留下来的。1804年，受理财产转让的代理人和事务律师，或多或少是凭借一个偶然的机会，从长期以来一直与他们分享财产转让业务的出庭律师手中取得了垄断权。在本书成稿阶段，这一垄断权才刚刚被打破。事实上，财产转让垄断权包括准备对所有财产形式（而不仅仅是地产）产生影响的法律文件，当然也有例外情况，比如遗嘱就不包括在垄断权范围内。随着近来出庭律师内部逐渐形成的一条规定，即出庭律师除非在少数特殊情况下，一般不得直接受理当事人的委托，这又赋予了事务律师另一项垄断权。因此，事务律师全权负责雇用出庭律师，并从中获得了丰厚的利益，特别是事务律师不负有支付出庭律师酬金的法律责任，因此，他们经常拖延付款期限。事务律师事实上是法院官员，这意味着他们的行为在很大程度上要受到法官的控制和监督。作为交换条件，事务律师可以独立在法庭程序中采取正式步骤，当然也有例外情况，比如法院更倾向于支持出庭律师以及那些自己诉讼的人。概括来说，当事人可以亲自参与诉讼，但是只有事务律师和出庭律师能够代表当事人诉讼。

事务律师接手的许多法律工作，比如就法律问题提出建议，并不受到任何垄断权的保护。在这些领域，很多本来可以由事务律师完成的工作，已经被其他行业的人接管了过去。比如，提供税法和财务管理方面的建议，现今多数是由专业会计师，以及那些有很强进取心并自命为"税务顾问"的人来做。曾一度由法律代理人经手的购买土地按揭贷款安排，现在是由其他机构在做，比如房屋抵押贷款协会、银行以及抵押贷款经纪人。事务律师处理的法律事务范围，仅仅部分地由排除他人从业资格的正式规定决定。有人认为，事务律师过度依赖高盈利财产转让公证垄断——被一位批评家不客气地称为"财产转让欺诈"——致使工作流入他人之手，并最终损害了事务律师自身的利益。

事务律师的职业管理机构是事务律师协会。尽管并不是所有的事务律师都隶属于这个协会，但是整个事务律师行业都处于协会的管理和控制之下。事务律师协会必须和各地区的法律协会区分开来，前者作为一个全国性机构拥有法定权力，而后者则不具备这样的权力，其功能主要是作为自发的专业性团体。事务律师协会起源于18世纪普通法法庭和衡平法庭的开业绅士协会。这是一个职业组织，其目的是提高代理人和事务律师的地位，并提高职业水准。1832年，它与一个出于同样目的成立于1823年并于1831年获得法人资格的新组织合并，变成现在的事务律师协会。该协会在1845年宪章中，将其目标表述为"推动职业进步和促进获得法律知识"，此后一直为实现这一目标而努力。但是像所有工会一样，事务律师协会也十分关注各成员的经济地位和社会地位的提高。事务律师的竞争对手已由早期的法律代理人变为现在的出庭律师，因此，事务律师协会和出庭律师业界的关系一直不怎么和睦。现今，事务律师协会对整个行业的管理是以立法（即《1874年事务律师法案》）为基础的；其制定规章的权力，进一步受到大法官、首席大法官和上诉法院民事审判庭首席法官的限制。此外，出庭律师在政治界的主导地位（比如，大法官、总检察长、副总检察长一直都从出庭律师中任命），也意味着他们在与事务律师协会的较量中总是领先一步，出庭律师为实现自我利益一直努力维持现状，而事务律师协会为了事务律师的利益则希望改变现状。即使在今天，事务律师仍未摆脱低出庭律师一等的地位，尽管这十分荒谬。这种现象与过去的阶级差别有关，出庭律师主要是中上层阶级从事的职业。当然，事务律师在数量上要远远超过出庭律师，英国大约有47000位事务律师，和出庭律师不同，他们主要通过合伙开办事务所来受理业务。在规模较大的事务所中，其专业化程度往往也相当高。

律政人员和出庭律师助理

出庭律师和事务律师并不是唯一的律师职业分支。近几年来，律政人员已经成长为一个有组织的职业团体。事务律师需要雇用大量技能和经验参差不齐的职员。一部分职员仅仅负责打字、复印和整理文件的工作，而更有经验的也就是所谓的常务助理则担任有相当大责任的管理岗位。作为一个无组织团体，常务助理没有形成任何职业机构或工会，但他们一直存在于律师事务所里，在律师光芒的掩盖下，默默无闻地处理大量的法律事务。目前，大约有两万人受雇从事这一需要具备一定法律知识的工作。大部分在律师事务所里工作的行政人员，都已加入最近成立的律政人员协会。该组织建立了各种会员级别（学生会员、助理会员、资深会员）以及一套教育背景要求体系，目前正在朝着典型职业组织的目标发展。不过律政人员协会仍处于发展的初级阶段，还没有取得或试图取得任何正式权力或垄断权力。注册会员是完全自愿的，尽管事务所的主管事务律师会鼓励律政人员加入该协会。因此，律政人员虽是一个已经存在的职业，但是它的职业组织目前仍处于发展阶段。

出庭律师也会雇用自己的行政人员，即律师助理，他们是开办事务所的出庭律师的行政经理。出庭律师的事务所被称作工作室，工作室中有一位助理担任负责人，在工作室中占有席位的出庭律师（即他们是合租人）不时地召开会议，但是日常管理事项都由律师助理负责。律师助理和出庭律师的关系，尽管从形式上来说是附庸关系，但实际上要更接近于农民和他们饲养的家畜之间的关系。律师助理主要在出庭律师和雇用出庭律师的事务律师之间起到媒介作用，他们与事务律师就出庭律师的服务资费进行谈判，并通过对出庭律师至关重要但他们无法理解的各种秘密的人际关系网，安排出庭律师出庭辩护。律师助理也有自己的协会，但是他们似乎对现有的习惯性安排非常满意，并不刻意试图通过职业化来提高他们自身的地位。尽管律师助理附属于他们的雇主，但是因为他们可以分享出庭律师的所得，所以一些助理的收入非常高，年轻的出庭律师处处都要看助理的脸色，生怕惹他们不高兴。

律师职业边缘的无用教师

律师职业中最后一部分人是学院派律师，他们在综合性大学或理工学院中教授法律，写法律方面的书和文章，参加各种与法律相关的活动，比如在法律改革机构中任职，发表电视演讲，等等。许多学院派律师都取得了出庭律师和事务律师的正式资格。尽管有些聘用他们的学校或机构有资历方面的要求，但是这个行业实际上组织非常松散，从未制定过任何正规的资格准入标准。根据惯例和传统以及聘用单位的规定，担任法律教师通常需要取得高质量的学士学位，实际上很多教师拥有各种更高的学位，但这并非一项强制性要求。法律教师不同于其他学术性职业，其职业化水平非常低，公共法律教育者协会的活动仅限于出版一本有用指南、组织痛苦乏味的会议，以及为实现更好的法律教育安排四处游说。

学院法学的发展是新近开始的。19世纪以前，英国两所最著名的大学（牛津和剑桥）都未开设普通法课程。这两所学校中的法学院起源于中世纪，最初教授民法和教会法，宗教改革取消了教会法的学习，只有民法保留下来。从法学院毕业的民法学生进入法律实践领域后，主要负责尚未被普通法控制的婚姻案件、遗嘱认证，以及属于海事审判范围的案件；他们也有自己的"律师会馆"——民法博士学会。19世纪，伦敦大学、牛津大学和剑桥大学开始发展普通法法律教育。学院派律师应运而生，他们以在大学中教授法律作为自己的职业，而不是仅仅把教学当作法律实践的附属。到了19世纪晚期，少数法学教授已经享有极高的声誉：这样的例子有著有宪法和国际司法方面重要著作的戴西教授，以及著有一本有关合同法畅销书的牛津大学万灵学院督学威廉·安森爵士。但是在现代以前，法律并不被视作大学里的一门学科，职业法学教授的人数很少，声望也普遍较低，这一切都是有其根源的。大学中的法律学院，被看作头脑并不聪明的人的最佳选择。那些有志进入律师界的人，在大学里常常会选择其他专业，由此带来的结果就是：只有极少数法官受过常规法律教育，律师资格考试都是通过填鸭式的学习应付过去的。第二次世界大战以后，随着英国大学教育的普遍扩张，法学院的规模也迅速扩大，尽管大学法律教师的社会地位有所提高，但他们仍被排除在律师职业的核心之外——这与大学法学院的正统地位早已牢固确立的民法国家和美国的情况，形成了鲜明的对比。

律师的作用

英国的律师职业主要分为出庭律师和事务律师，并不代表两类律师的作用有着明确的划分。诚然，出庭律师垄断着在由一名法官和陪审团共同审理刑事案件的皇家刑事法院、实质上由单独的一名法官审理民事案件的高等法院、上诉法院和上议院的出庭辩护权。但他们的活动范围并不仅限于这几所法院，他们偶尔也会出现在地方法庭，尽管不戴假发，也不穿长袍，根据我作为一名地方法官的经历，如果出庭律师在地方法庭上戴假发、穿长袍，人们反而会质疑他们的身份。尽管人们普遍认为出庭律师是庭辩律师，而事务律师是庭外律师，这种看法并不完全正确。因为事务律师在地方法院也拥有出庭辩护权，全国98%以上的刑事案件是由地方法院审理的。这类工作的大部分酬劳是由国家以免费法律援助的形式支付的，尽管非常多的出庭律师并不需要依靠法律援助经费来生活，很多事务律师也和他们一样不需要。那些在地方法院专门从事法律援助工作的事务律师，跟出庭律师相比，所做的工作并没有多大区别。法律援助是一项非常重要的工作。

民事案件的法律援助受到更严格的限制，英国法律实践对诉讼有着严苛的规定，目的是约束诉讼行为。诉讼失败的一方，通常也要支付胜方的费用，律师不允许按照涉案金额的百分比收取诉讼费。此外，所谓的"集体诉讼"也是明令禁止的，在所谓的"集体诉讼"中，一个人在未事先征得与其情况类似的其他当事人同意的情况下，可以代表他们提起诉讼。但是，事务律师也参与了相当部分的民事诉讼。1846年主要审理民事案件的现代县法院（modern county courts）成立之后，事务律师也获得了出庭县法院辩护的权利，而且随着时间的推移，这一权利变得越来越重要。甚至在高等法院，事务律师也可以出席破产案件的审理以及所谓的中间程序，中间程序大致是指主要审理过程的附加程序。很多行政裁判所是事务律师和出庭律师都可以出席的，而且这类裁判所的数量正在不断增加。所以，出庭律师并不是唯一的庭辩律师。出庭律师的工作并不仅限于法庭工作。他们也负责起草法律文件，比如复杂的信托和授产安排，或复杂的合同；确定刑事案件中起诉书以及民事案件中诉辩书的形式；出庭律师也为棘手的法律问题提供专家建议，这类建议被称作"法律顾问意见书"。出庭律师的大部分时间都用来参加准备案件法庭陈述的会议，以及就案件的解决展开的协商和谈判，谈判并不只存在于民事案件中。许多刑事案件的被告认罪伏法，并且在审理过程中不为自己辩护，事实上，这得益于出庭律师参与的谈判，即用量刑的严重性劝说被告认罪以节省法庭的审理时间，不过出庭律师常常否认自己有过这样的做法。这种体制有其存在的必然性，因为法官往往对已经认罪的嫌疑人量刑较轻，这实际上鼓励了认罪的做法。就民事案件而言，相当大一部分纠纷，在开庭审理之前就得到了解决，即使诉讼程序已经启动，也有一部分案件的当事人取得了庭外和解，出庭律师担任各自委托人的谈判代表。所以，出庭律师留在人们心目中的头戴假发、质问证人、在陪审团面前慷慨陈词的形象，与事实并不完全相符。

出庭律师通常担任法庭上的陈述和辩护工作，然而奇怪的是，其中超过4000名出庭律师与他们的非专业委托人却被隔离开来，只有一些非常特殊的情况除外，出庭律师受雇于事务律师，不能直接和公众接触。作为一种职业，出庭律师形成了自己的世界，并且在自己的天地里如鱼得水，十分享受自己的生活。除了古老的服饰，出庭律师对于法庭上独特的言行也情有独钟，约翰·莫蒂默在《老贝利的鲁波尔》一书中对此做了诙谐的描述。出庭律师这一职业很有魅力，这与普通法庭审现场的戏剧性特点有关，在普通大众眼中，出庭律师仍然占据上层法律社会，他们牢牢地把持着法官的任命就是一个有力的证明。打算成为律师的人，应该努力不去相信这样的观点。

事实上，很多出庭律师根本不去从事常规的法庭辩护工作。他们可能会与合格的事务律师一起在公诉总长办公室、内政部或者商务部等政府行政部门担任法律工作者，也可能会成为地方法院的法庭书记，或者其他法院官员。尽管目前尚未统计出具体数字，但在中央和地方政府（在后者任职的主要是事务律师）以及商界从事法律工作领取薪水的出庭律师，几乎和担任常规庭辩律师的人数一样多。也有一些出庭律师在大学里担任法律教师，或者从事法律出版等与法律相关的其他工作，在大学里，出庭律师取得的正规资历通常不大派得上用场。很多合格的出庭律师根本不打算出庭辩护或当律师，他们只是为了名誉才考取出庭律师的资格。至于事务律师，他们起到的很多作用都和出庭律师相重合。除了法庭辩护外，很多事务律师也在地方和中央政府以及商界领薪任职，一部分教书，一部分担任法院官员，还有一部分甚至可能成为法官，不过高等法院的大门对事务律师来说是关闭的。出庭律师和事务律师两种职业可以很容易地实现转换，表明在现实中他们获得的技能是相通的、可互换的。两种职业的区分已经无法代表出庭律师和事务律师在专业技能和所起作用上的差别，这就是为什么长期以来英国的二元律师制度一直遭到人们的攻击，这种二元制度很有可能在不远的将来被彻底废除。

律师职业的独立性

对于不是法律专业出身的普通人来说，法律非常令人困惑并且遥不可及，这是由法律本身的复杂性以及法律程序和法律传统的神秘性造成的，而复杂的法庭程序更是雪上加霜。任何参加过地方法庭审判和观察过在法庭上进行自我辩护的人都会感同身受，出庭者不断地起立坐下，甚至无法分清交叉质询环节中的提供证据过程和提问过程。事实上，紧张、缺乏庭审程序经验和对法律的无知，使得普通人在面对经验丰富的公诉人时，处于非常不利的地位。有时，过于迷惑的被告在离开法庭时，甚至分不清楚自己究竟是无罪还是有罪。

> 对于不是法律专业出身的普通人来说，法律非常令人困惑并且遥不可及，这是由法律本身的复杂性以及法律程序和法律传统的神秘性造成的，而复杂的法庭程序更是雪上加霜。

人们经常哀叹法律的神秘性，空想家们甚至轻率地提出简化法律和法律程序使律师变得不再必要的建议。无论这听上去多么令人向往，从未有人设法在任何已知的现代社会中将这种空想变为现实。为什么会这样是一个有趣的问题——仅仅是为了律师自身的利益着想吗？还是因为现代社会的政府太过复杂，相应地要使政府有法可依，依法行政，必然会产生复杂的法律？法院必须和日常生活分离，是由法院的本质决定的吗？无论法院怎样掩饰自己，它们毕竟是显示权威和强制力的工具。我曾在一所法院担任法官，院长是一位心地非常善良的女士，她时常流露出对在法庭上受审的孩子的同情，这些孩子经常被吓得泪眼蒙眬，完全语无伦次，而她则不得不荒谬地劝告这些孩子"好好听博学的书记员都说些什么"并且"感觉像在家里一样自在"。这些孩子很清楚他们不是在家里。无论有什么样的解释，除非律师利用自己的专业技能让公民慢慢地理解和接触神秘的法律，否则对法治理想的追求，以及使政府受到法律的限制，根本没有机会取得哪怕是很小的成功。同样道理，现代医学发现要想为患者带来福音，医生起着至关重要的作用。

> 无论有什么样的解释，除非律师利用自己的专业技能让公民慢慢地理解和接触神秘的法律，否则对法治理想的追求，以及使政府受到法律的限制，根本没有机会取得哪怕是很小的成功。

普通人对法律顾问的需要，最显著地表现在受到刑事犯罪指控的人，特别是那些可能受到监禁或社会歧视等严重惩罚的人，被给予免费的法律帮助。刑事案件审理的整套机制，都是为了确保审判是公正的、无辜的人得到保护、被告和原告的事实经历都能充分地呈给法庭，但是如果缺少熟练的法律陈述，这些目标都不太可能实现。所以为了保证在刑事审判中实现法治，律师是必不可少的；毫无疑问，对于民事案件来说，情况也是如此，不过民事案件的当事人并不太热衷于使用自己的咨询权利，这显然是因为民事案件不公正的判决产生的结果不可能像刑事案件中那么严重，后者最最糟糕的结果也不过是个体完全被排除在文明社会之外。

我们曾经讨论过，对法治理想的尊重，现在已经成为保护个人不受自由权力侵害的一种机制；在过去的若干个世纪里，政府的规模比现在要小得多，个人面临的威胁可能既来自于私人权力，比如胆大妄为、用心险恶的男爵，又来自于公权力。这样的状况在本书写作时期依然存在于贝鲁特，这座城市处于纷争不断的几伙武装派别的控制之下，在贝鲁特，法律既未得到有组织的强制力量的有效支持，也未得到公众的普遍接受，对于整个城市的混乱状况根本无计可施。在国家受到控制的现代社会，个人面临的主要威胁，通常来自某个国家机构，这个机构可能想要窃听我们的电话，把我们关进监狱或精神病院，带走我们的孩子，通过税收占有我们一半的收入，把我们当作不受欢迎的外国人驱逐出境，禁止我们扩建阁楼，拒绝为我们提供可靠的邮政服务，等等。如果威胁不是来自国家，也可能来自于一些已经设法获得由国家支持或默许的权力的组织，比如英国电信集团、与我们的工作单位签订了只雇用工会会员劳资协议的工会，或是我们所念大学的学校评议会。这些组织可能会切断我们的电话，在出现劳资纠纷时威胁我们不能去上班，或者剥夺我们接受大学教育的权利，因为我们想要参加一次室内静坐抗议。用来对抗这种权力集中的一种平衡机制是律师职业的存在，法律工作者本身不是政府职员，也不在其他方面间接受到国家的影响。因此，有人指出，独立的律师职业，对于追求法治理想来说至关重要。

"独立"和法治一样，是一种理想，而不是对现实的描述。事实上，尽管律师不是公职人员，但他们也可能会屈从于各种抑制他们一心一意为委托人谋利益的压力。

"独立"和法治一样，是一种理想，而不是对现实的描述。事实上，尽管律师不是公职人员，但他们也可能会屈从于各种抑制他们一心一意为委托人谋利益的压力。一位地方事务律师可能不会言辞犀利地攻击当地警察不正直——当现有的案子了结之后，他必须继续和警察共处下去。有志成为法官的出庭律师需要小心谨慎，不致获得受理激进讼案的名声——那可不是什么好的升迁之道。但是律师职业的独立理想，可以通过两种基本途径部分地实现。第一种途径是通过优化结构减少律师面临的压力。一种有效的结构是，将出庭律师与公众和当地机构的压力分离开来。另外一种结构性机制是雇用形式，私自选定的律师（即使费用由国家支付）可能不会像指定的国家公职人员那样处处受限。第二种机制是意识形态上的，即将独立性的思想融入律师职业中建立的伦理传统中。这就是英国的律师职业采用的做法。毫无疑问，这能鼓励独立的法律行为。如果律师所受的教育一直都是坚信独立的重要性，那么他们很可能会在行动中努力实现这个理想。但是意识形态的危害之一是，可能会陷入神秘主义或虚而不实的论辩中；这将蒙蔽我们的双眼，使我们看不到现实。出庭律师界一直都在鼓吹自己的独立性，或许有些过了头，以至于出庭律师没有意识到，他们颇有绅士风度的法律实践，很容易阻碍积极有力的诉讼辩护。

社会工作者还是社会寄生虫

我们在前文中偶尔已有提及，律师通常没有好名声，他们被很多人视作社会的寄生虫。人们之所以会对律师产生这样一种印象，有很多原因。第一，在公众眼中，律师自己要为法律的复杂性负责，因为这使他们的存在成为必要，就好像医生自己传播病菌让人患病，这种对医生的看法即使在今天仍然可能存在。第二，人们通常认为律师是靠他们的委托人来为自己谋取利益，他们是不忠诚的。第三，律师对金钱十分贪婪，只要能够侥幸不被识破，他们就会收取不合理的高额费用。第四，律师都是伪善者，他们运作的体制表面上似乎是保障公平正义，实际上却是在维护社会中的不公正和不平等。第五，律师是奸佞之徒，他们在为委托人寻求利益的过程中违背道德，极尽推托和狡辩之能事，让事实真相变得更加模糊不清；他们追求形式而不是实质，沦为学术腐败。第六，律师蔑视真相。因此他们会为明知有罪的人进行辩护，并提出他们自知不道德的要求。第七，律师脱离了日常生活，所以他们缺乏同情心，甚至有时会做出残忍的行为。第八，律师极为保守，抵制变革；他们总是落伍于时代。第九，律师利用他人的麻烦和不幸赚钱。

对法治理想的尊重，现在已经成为保护个人不受自由权力侵害的一种机制；独立的律师职业，对于追求法治理想来说至关重要。

在我看来，上述所有抱怨都有一定的合理性；它们代表了人们对律师和法律体系在现实中没有像人们期待的那样实现理想的不满。

比如，律师有时的确是贪婪的，毋庸置疑，他们不应该这样……实际上，前面列出的九条罪状，都是对这些理想最简单的间接表述。第九条罪状或许可以安给任何一种职业，无论是社会工作者还是牙医。初看上去这一条似乎不是对某一理想的表述，实际上它也可以表述为"仁慈地给予比受雇服务"更高尚。所谓的"护理行业"，仍然可以勉强地和慈善概念联系起来，从而使这些职业保留了它们护理性的地位，这种幸福是律师和市政工程师所无法享受的。因为上述九条抱怨体现了人类永恒的理想，而理想又是永远无法完全实现的，所以未来也不可能出现一个消除了这类抱怨的极乐世界。

> 这些抱怨体现了人类永恒的理想，而理想又是永远无法完全实现的，所以未来也不可能出现一个消除了这类抱怨的极乐世界。

这并不表示律师这个职业注定就是社会寄生虫，律师完全可以在工作中尽力去追求法治这一理想。与此同时，他们也需要认识到他们可能无法实现所有的理想。只有当人们相信法律离开了律师仍然可以存在——这一点在我看来至少是不切实际的，或者人们认为法治像某些激进分子宣称的那样是有危害性的谎言，或者人们相信某种新的法律形式将可能摆脱当前法律固有的缺陷，从而使律师失去存在的必要性，律师才会和杀人犯、小偷沦为同类，遭到人们的唾弃。

法官：执行者还是主要权威

　　法官（judge）是法院里负责对个人或机构的合法地位做出审判的人。从这个广义的角度来说，英国司法体系中法官的数量非常

> 法官是法律世界的国王，除了法律没有别的上司。

庞大。事实上，具体数字是没有上限的，因为从选民登记册中选出的陪审团成员（男女都包括），在较为重要的刑事案件中发挥着和法官同样的作用，决定被告是有罪的还是清白的。全英共有28000名左右的业余治安法官，他们负责审理绝大部分刑事案件和大量的婚姻纠纷，以及其他重要的经济案件。各种专业法官的数量也非常多，包括支薪治安法官、巡回法官，以及高等法院、上诉法院和上议院法官。此外，还有大量虽然不被称作法官但在法定审裁处负责审判的人员。这些审裁处可能掌握极为重要的权力，比如，医学总会专业操守委员会，可以因为一位医生的职业违法行为而结束他的职业生涯，而工业裁判所在处理劳资纠纷，裁决诸如无理解雇等事件上则享有广泛的权力。所以一份完整的法官名单将会又长又乏味，总之，从未有人整理过这样一份名单。但是需要注意的是，普通法律师和公众普遍对法官有一个更为严格的概念。他们的脑海中常常浮现出这样一幅画面：象征着神秘和权力的年老法官脸色如羊皮纸一般，头戴如小狗般蓬松鬈曲的假发，身穿红色长袍，出现在谋杀等让人心情压抑的审理现场。这些真正的高级法官，是任职于高等法院的法官，高等法院分为家事分庭、大法官分庭和王座分庭。高级

法官的行列中还应该加入职业上诉法院法官。包括受上诉法院民事审判庭首席法官直接领导的上诉法院大法官，以及上议院作为最高上诉法院时受司法大臣领导的上议院高等法官。不十分精确地来说，所有的高级法官都可以追溯到19世纪晚期英国司法体制改革之前古老司法制度中的12位红衣法官。

今天，很多事情都已发生了改变。和从前相比，高等法院法官的人数大大增加，目前这个数字已经超过了100。高等法院法官不再只由男性担任，现在也包括少数女性法官，一些人把这种现象看作表征性的。因为尽管从1919年起开始出现女性出庭律师，但从出庭律师中产生的高等法院法官仍然由男性主宰。这些法官不再像过去那样令人生畏。死刑的废除减弱了曾经环绕这些红衣法官的恐怖光环。尽管民间传说对英国政府和法官的描述都有些夸大，但法官在现实中的作用仍然不可小觑。高等法院法官除了受理比较重要的民事诉讼之外，除了极个别情况，现今民事诉讼的审理都不需要陪审团，王座分庭的法官也在皇家刑事法院主持严重的刑事案件的审理。在首席大法官的主持下，高等法院各分庭的法官也会审理某些上诉案件。高等上诉法院的上诉法官审理各种重要的民事和刑事上诉案件，绝大多数上诉案件都不会再上诉至上诉法院，但也有少数案件会交由最高裁判机构上议院审判。受理上诉案件的法庭通常都会采用法官小组审判的方式，正常情况下，上诉法院的审判小组由三名法官组成，上议院的审判小组由五名法官组成，这种做法尽管在理论上是由立法规定的，但在实践中却是一种特殊的制度。

过去，真正的法官通过裁决以及他们在建立和传播专业传统即法律的过程中发挥的作用，在很大程度上制定了普通法。他们的裁决被记录在法律报告中，并构成法律的一个主要渊源。今天，大多数出现在我们长长的法官名单上的法官，已经不再发挥这样的作用，他们的裁决几乎对法律传统没有任何贡献。除了少数例外情况，只有高等法院法官和更高级别法官的裁决才被记录下来并作为法律的渊源。事实上，即使是高等法院法官，也只是偶尔才会对专业传统有所贡献。构成普通法律师学习主要内容的绝大多数例案，来自于受理上诉案件的法院，因为上诉法院审判的案件远远超过上议院，因此，上诉法院是整个司法体系中最重要的法院。尽管高等法院法官只起到功能性的作用，其工作主要局限于审理民事案件和主持刑事审判，但是他们仍然享有极高的地位，从高等法院法官受理的案件都十分重要这个角度来说，他们拥有很大的权力。在刑事案件中，上诉法院非常不愿意推翻由高等法院法官主持审理过程做出的裁决，这进一步增强了他们的权力。根据英国司法制度的惯例，高等法院法官如果幸运的话，也有机会升至上诉法院，这种机会对其他法官来说基本上是不可能的。因为上诉法院的法官只从高等法院法官中挑选，极少有较低级别的法官被破格任命为高等法院法官。（一个著名的例外情况是莱恩女士，她于1965年被任命为英国第一位女性高等法院法官，此前她是第一位县法院女法官。）所以，尽管高等法院法官不再享有和过去一样的地位，他们仍然被律师看作真正的法官，不仅执行法律，而且在真正的意义上制定法律。

理想主义与法官职位

真正的法官是普通法律师世界中的核心人物，因此人们常常对他们怀有敬畏之情。

真正的法官是普通法律师世界中的核心人物，因此人们常常对他们怀有敬畏之情，有关律师职业的民间传说中，有大量的故事、传说和寓言，讲述了法官的所作所为。有些是正义的法官，像威廉·加斯科因，作为首席大法官，他将攻击他的霍尔王子送入了监狱，展现出无所畏惧的理想法官形象，并宣扬了法律面前人人平等的思想；实际上，加斯科因的判决已经非常仁慈了，常规的做法应该是当场砍掉罪犯的一只手并将砍掉的手钉在绞刑架上。历史学家认为，莎士比亚戏剧中这个不朽的故事并没有事实依据，但我不这么认为。历史上共有

在任何时期，一位法官究竟是严厉还是残暴，取决于人们不同的判断标准。

两个故事表现了加斯科因理想法官的形象，他之所以能获此声名一定是有原因的。除此以外，民间传说中还有不留情面的严厉法官，比如查内尔爵士，在九尾鞭仍被用作行刑工具的年代，他心里非常清楚该如何处置勒杀抢劫的强盗（当时的行凶抢劫者通常都会勒死受害人实施抢劫），近代能与其匹敌的是萨尔蒙勋爵，传说他合理地运用严厉判罚一举镇压了诺丁山暴乱。法官如果过度严苛，就可能变成残暴的法官，就像声名狼藉的乔治·杰弗里斯爵士。在任何时期，一位法官究竟是严厉还是残暴，取决于人们不同的判断标准。一个近代的例子是已

经退休的麦尔福德·史蒂文森爵士，他把自己的房子命名为"警棍"。对于一部分人来说，史蒂文森爵士是理想的法律和秩序捍卫者，特别是他把一些在剑桥花园酒店闹事的剑桥大学学生关进监狱的做法更值得称颂。一位同样以严苛出名的美国法官伊萨克·派克，是美国西部影片中动辄运用绞刑的法官的原型，在荒蛮艰苦的环境中，或许使用一点绞刑是必需的。据说派克的幽默感很强。为了显示法律并不是枯燥乏味的，传说中也有古怪的法官，比如亨利·霍金斯爵士在出庭审判时，总是让他的猎狐犬杰克和他一起坐在长条凳上；而查尔斯·达令爵士总是把自己想象成幽默风趣的人，在庭审现场常讲一些极不好笑的笑话，在场的律师则不得不陪着干笑；更为近代的弗雷德·普里查德爵士写过一首关于基尔穆尔子爵即早期的大卫·麦克斯威尔·法伊夫爵士的诗，开头几行是这样的：

> 世间最接近死亡的
>
> 莫过于大卫·麦克斯威尔·法伊夫
>
> 你只消看他一眼
>
> 就会立刻明白生活是多么的无情

兰斯洛特·沙德威尔爵士有17个孩子，喜欢在泰晤士河洗冷水浴，据说有一次他在河中洗澡时曾向等得非常不耐烦的诉讼当事人颁布了"单方禁令"。还有徇私枉法的法官时刻提醒着我们法官也是人，也会犯错，像17世纪收受贿赂的培根爵士，以及18世纪时因卷入南海泡沫事件而陷入经济窘境的麦克莱斯菲尔德勋爵。著名的好色之徒约翰·韦利斯爵士代表了性异常的法官，现在人们仍可在剑桥菲茨威廉博物馆看到一幅由荷加斯创作的油画《法官》，这幅画愤怒地表现了韦利斯在一次性行为之后正在休息。

为了体现平衡，我们当然还要谈一谈很多伟大而博学的法官，他们为法律职业的发展做出了杰出的贡献。这当中首推爱德华·科克爵士，他也是政界的一位主要人物，科克去世后他的妻子曾这样评价他："我们将再也无法见到和他一样伟大的法官，荣耀归于上帝。"还有曼斯菲尔德勋爵，至今人们仍可以在伦敦参观他的住所之一——肯伍德府，尽管中心建筑在1780年反天主教的戈登暴乱中被暴徒焚毁，已经不复存在。19世纪涌现出很多伟大的法官，其中知名度最高也是最有趣的可能要数布拉姆韦尔，他是一位前所未有的个人主义者；比布拉姆韦尔年代晚一些留着胡子的托马斯·斯克鲁顿爵士，其专长是经济法，他生硬粗暴的态度为他树敌颇多，所以总是无法进入上议院。至于圣人，普通法只产生了一位宗教意义上的圣人，托马斯·莫尔爵士，不过在许多律师的心目中，近代的阿特金勋爵已经具有和莫尔相似的地位。阿特金因其1932年在多诺休诉斯蒂文森案（即瓶中的蜗牛案）中的观点而闻名。在这场诉讼中，原告称她喝过的啤酒瓶中一只已经腐烂的蜗牛害得她小病一场，并将蜗牛的倒数第二个栖身地姜汁啤酒的生产厂家告上了法庭。阿特金勋爵的观点已经成为现代法中过失侵害赔偿的基础，尽管酒瓶中是否真的有过一只蜗牛仍存在一些疑问。阿特金也是仅有的两名对

"二战"中不经审理关押英国公民的做法提出质疑的法官之一。对很多人而言，当代法官中，不久前刚刚从上诉法院民事审判庭首席法官的职位上退下来的丹宁勋爵代表了最好的法官，不过现在做过多的评论可能还为时尚早。

这些关于法官的故事，无论是真实的还是虚构的，我们都可以认为它们反映出人们对法官这一职位，以及理想中的法官形象的态度——理想中的法官应该是无畏的、严苛的、人性化的、正直的、智慧的，甚至是圣人般的。有些人可能还会加上有创造性的，但是这将立即使我们陷入矛盾中，因为法治的理想要求法官仅仅成为法律的奴仆，遵照法律办事，如果我们敬佩一位创造法律的法官，我们显然背离了法治理想——和生活中的其他领域一样，法律也表现出让人难以理解的矛盾性。在所有与法官以及法官在法治政府中的功能相关的品质中，最重要的是威廉·加斯科因体现出的独立性。为了达到这个目的，高等法院及上级法院的法官根据我们宪法中的安排受到特殊的保护，不会被免职，尽管现实中有很多法官迫于压力而离职，有时可能是因为年纪过高或行为不端，但自现代体制于1700年建立以来，从未有过法官被正式解雇的情况。因此，法官受到了相当有效的保护，不必迫于政治或行政压力而做出符合政府意愿的裁决。但是法官应该如何保持司法独立，免于更为微妙的压力，目前仍无定

和生活中的其他领域一样，法律也表现出让人难以理解的矛盾性。在所有与法官以及法官在法治政府中的功能相关的品质中，最重要的是威廉·加斯科因体现出的独立性。

论。正式任命并不能使法官与其他压力绝缘，比如来自同事的认可或反对，以及晋升至上诉法院或更高法院的体制 —— 晋升由内阁决定，这也鼓励了法官在一定程度上屈从于政府的意愿，尽管这些意愿可能是邪恶的。因此，和其他理想一样，独立也许无法完全实现，但却仍是法律职业意识形态中一个强有力的特点。

第七章

法律的学术研究

正规教育体制在很大程度上都是妥协的结果，法律教育自然也不例外。我们已经看到，对于一位执业律师来说，在某种意义上，法律教育是永远无法停止的。法律处于永不停歇的变化和发展中，即使法律保持不变，实践需要也会迫使一位有责任心的律师努力去解决新问题，因为他现有的知识库存可能对解决新问题来说是不够的。但是，正规法律教育的课程不可能无限期地延长，只可能占用有限的一段时间，通常是三年，这就严格限制了学生学习哪些科目、学到哪种程度。所以最终结果就是，所有人在深度和广

正规教育体制在很大程度上都是妥协的结果，法律教育也不例外。

法律处于永不停歇的变化和发展中，即使法律保持不变，实践需要也会迫使一位有责任心的律师努力去解决新问题。

度之间达成了妥协。就广度而言，来自各职业机构的压力，加上大学法律教师之间勉强达成的一致意见，都意味着所有专业学位课程都以学习所谓的"核心科目"为主，同时增加某种形式对法律的介绍。介绍有可能主要着眼于法律的历史，也可能会枯燥地以提供法律制度的构架和组织机构相关信息为中心。对法律的介绍还可能是高度理论化的，目的是解释律师是如何思考和推理的，或法律是怎样在社会中发挥作用的，以及有什么样的影响，最终的结果同样代表着一种折中方案。对法律的介绍压缩了其他科目学习的空间，这些科目如果采用不那么严谨的术语，可以分为"有用的"和"无用的"科目。前者包括当前英国法律体系中仍然有效的法律分支，例如家庭法、公司法、税法、证据法、福利法、民事或刑事程序法、国际私法（我们在前文已经提到，也可称为冲突法）。所有这些法律分支，显然和一位英国律师的工作是实际相关的。在这份具有代表性的清单上，我们或许也可以加进国际公法，因为这是当前实践中的一套体制，并且有专门的国际公法律师，不过大多数选择从事国际公法的学生，并不是为了将他们所学的知识直接用于法律实践。

　　"无用的"科目，是那些和法律实践没有直接关联的学科，包括法律史、比较法、法律哲学研究的课程（对此可以有各种称谓——法理学、法哲学或法律理论），还有法社会学、犯罪学和刑罚学，以及古罗马法分支，例如罗马买卖法，或罗马合同法。学习罗马法，是为了向学生介绍民法体系中典型的法律思想，所有欧洲大陆国家奉行的都是民法体系。法学家们认为，这些"无用的"课程与正规法律教育之间的联系在于，这些课程能够增进对法律发展和法律功能的理解，从长远来看，这种理解是有实用价值的。反过来看，这类课程涵盖在正规法律教育中，也可被视作仅具有思辨意义。

除"核心"课程外还提供哪些课程、该如何分配"有用"科目和"无用"科目的学习时间，取决于具体法律学校的资源和兴趣，以及在时间和人员分配上达成的妥协。但是无论最终的课程安排采用了哪种形式，任何法律教育体系都会面临某些难题，这些难题反映出对法律教育的作用和法律本质的态度差异。这些差异导致了法律教育处在一种两难境地，并且暂时也还没有找到正确无误的解决办法。

法律教育的困境

律师的教育和训练应该既包括法律知识的掌握，又包括法律技能的掌握，这一点应该可以得到所有人的认同，但对知识和技能究竟各自应占多大比重，或者通过什么方式来学习，仍然存在很大的争议。一些技能毫无疑问通过学徒式的训练可以更容易掌握，但很多法律辩论的惯例和分析方法，当然在学徒期开始之前就可以教给学生。然而，并不是每一个参加正规法律课程的人都打算进入法律实践领域，或者最终将确定无疑地成为律师，而也正是出于这个原因，人们认识到，

> 律师的教育和训练应该既包括法律知识的掌握，又包括法律技能的掌握。

法律教育应该像其他高等教育形式一样，提供普遍教育本质的东西，这个目的显然不符合极其实用、职业的法律研究方法的要求。此外，法律必然是可以教的，即使教法可能比较粗陋，比如只让学生死记硬背一些法条。但这种教授法律的方法，不仅无法提起学生的兴趣，还歪曲了法律的本质，并且似乎对理解法律和法律运作的方式也毫无帮助。所有这些因素，使得法律教育在两种对立的法律研究方法之间面临着两难选择。一种方法强调法律教育的职业性和实用性目的，即用和法律实践直接相关的知识和技能来武装有志成为律师的学生。这种方法，常和在某种意义上向学生灌输职业律师的传统智慧和态度的教育过程联系起来。另一种与之对立的方法则强调从理论上去理解法律现象。这种方法致力于研究诸如法律在社会中的发展和运作方式——可以说，法律至少部分地创造了我们生活的这个世界——等问题。这种方法的目的不是向打算成为律师的学生灌输基本信息。

　　另外一种表现这一困境的方式，是将其看作两种目标的较量：第一个目标是让法学学生进入职业传统中，第二个目标是置身法律传统之外，成为不受约束的观察者。从这个角度出发，我们可以把一种教学方法称为法律灌输，将另外一种称为诊断性观察，尽管这种说法可能会带有一些倾向性。当然，法律不是研究者可以抓来，放进笼子里研究，同时自己完全不受影

法律研究者只有在某种意义上理解了什么是当一名律师，才能有用地研究法律，所以适当运用较为传统的职业方法是进入更复杂研究领域的必要前提。

响的一只兔子；法律也不是人们可以用望远镜从远处观察，自己不用置身其中的战斗。只有当法律研究者在某种意义上理解了什么是当一名律师时，他才能有效地研究法律，所以适当运用较为传统的职业方法是进入更复杂研究领域的必要前提。如果一个人对于杀人是什么，既没有掌握一定的知识，又没有专业的理解，就算他对与杀人有关的法律的社会重要性有深刻的理解，也是徒劳的。这就提出了一个关于时间分配的现实问题，也提出了一个更深刻的理论性问题：一种教育如果太过职业化，将会不利于培养站在整个体系之外把它当成研究对象的能力。社会人类学家也面临同样的问题，他们既要参与作为研究对象的异族文化，又要确保自己不被完全同化——同化将会剥夺他们观察的机会。

　　法律教育面临的第二个困境如下。考虑到法律的内在缺陷（这反映在对法律和律师的一贯批评中），所有人都会同意法律教育应该是批判性的，也就是说，应该鼓励学生质疑法律体系存在和发挥作用的可取之处。即便是最墨守成规的律师和法律教育者也多次承认了这一点，和法律教育密切相关的一项传统是在完善法律方面的兴趣。一种做法是将法律合理化和体系化，法律教师一直都在从事这项工作。另一种做法被称为法制改革，具体做法是以现有的某部法律为对象，

> 一种教育如果太过职业化，将会不利于培养站在整个体系之外把它当成研究对象的能力。

> 法律的内在缺陷决定了法律教育应该是批判性的，也就是说，应该鼓励学生质疑法律体系存在和发挥作用的可取之处。

识别出实施中的不足，然后建议怎样对法律做出修订。在美国等国家，先例原则已被大量的判决案件打破，法院愿意更积极地介入法制改革，法制改革行为可能会指向法院，而在英国，改革可能会更多地指向议会。这种批判性地看待法律的方式绝不是激进的，因为它对法律的批判仅限于细节问题。

但是，因为对法律的批评可以更加深入，所以法律教育陷入了另一个困境。对法律持批判态度的人，可能会质疑牵涉法律体系存在根本的基础性前提。比如，像传统那样将理想与法律实践联系起来——或许法治的确像一些激进分子宣称的那样，是有害的难解之谜；或许法律体系在现实中是为了维护非正义，而不是正义；或许用规则来指导人类行为的整体思想是不符合逻辑、毫无意义的。发展出上述观点的激进的法律批判，可能最终都会得出一个结论：法律不是什么好东西，而是彻头彻尾的坏东西，或者可能仅仅是人们的幻觉。这种极端的激进主义或怀疑主义，的确让法律教育进退两难。想象一下，如果一所医学院致力于告诉学生，一般说来，医生对人的健康有害；如果神学院的教授努力使他的学生相信无神论的正确性，或者上帝已死，将会发生什么？激进的批判主义，似乎与任何法律教育作为职业教育的概念都无法调和。一位激进的批评家，甚至可能会把传统的法律教育模式本身，视为用来维护社会中压迫和不公正机制

大学里的法律教育要想像我们所理解的那样在学术上值得尊敬，就不能仅仅因为真理在制度上让人难堪而停止对真理的追求，或者拒绝思考那些具有颠覆性的观点。

的一部分。但是激进主义者可能是正确的，大学里的法律教育要想像我们所理解的那样在学术上值得尊敬，就不能仅仅因为真理在制度上让人难堪而停止对真理的追求，或者拒绝思考那些具有颠覆性的观点。在学术世界，任何人都有权提出和研究任何观点，即使对法律职业来说这些观点会令人不快。

法律教育的第三个困境，可以用下列公认的简化方式加以说明。概括来说，在大学或其他高等研究机构工作的学者，从事各种真理的研究。所以，历史学家忙于发现过去发生了什么，经济学家则忙着提出各种公式和命题来说明经济规律是如何在社会中起作用的等。各种学科都声称它们正在调查研究某种真理，并且运用了独特的调查方式。事实是不是像他们所说的那样，是哲学讨论的主题。法律本身似乎很难被归入通常意义上的任何一门学科。律师或法学家提出了哪些真理呢？在过去的十年、五十年，甚至一百年间有什么伟大的法律发现吗？答案似乎是否定的。因此，有人认为，如果法律教育要在高等院校而不是职业学校中占有一席之地，研究对象必须是某种学科在法律中的应用。比如，我们可以把经济学理论或社会学理论应用到法律中，或者研究法律的历史演变，或者运用哲学观点来研究法律。但是一旦我们踏上这样一条道路，法律自身还能否保持一个学科的独立性和完整性就不得而知了，这既不是法律教育者和法律教育愿意看到的结果，也很难与法律教育作为职业教育的概念相调和。为了摆脱这个困境，出现了一种妥协趋势，即在法律教学中渐渐引入其他学科的理论，或者采用所谓的"法与……"方法，开设法与心理学、法与经济学、法与社会历史学等课程。两种妥协方式都有只停留在表面上、不深入的危险，这也是跨学科研究经常面临的问题。当然，只有当人们对高等教育的功能所持的态度是像"为了知识本身而无私地追求知识"这一表述中总结的那样，法律教育才会面临讨论中的困境。如果人们认为上述对高等教育的理解本身有待商榷，法律研究似乎也就不会显得那么不协调了。

在学术世界，任何人都有权提出和研究任何观点，即使对法律职业来说这些观点会令人不快。

要不是生命短暂，而可用于法律教育的时间则更为有限，这些困境或许能够比较容易地得到解决，如果很多学生参加法律教育课程的初衷不是成为合格的律师，那么一种非常理论化的教学方法或许更容易让人们接受，但事实是，很多学生都想进入法律体系当中，而不是质疑它，或者像批评家所说的那样，去理解它。考虑到这些有限的目的，不得不承认他们所说的"应当学习有价值的东西"是有道理的。一名已经接近职业生涯巅峰的律师，对法律如何影响现实生活的理解可能会十分幼稚，或者对这一问题完全不感兴趣。这只是一些从本质上来说具有内省意识的学院派学者的一种信仰，原本并不应该出现这样的情况，但恐怕事实就是如此。

原则性法律研究

传统的大学法律教育，以研究和分析法律原则，以及在给定的现实情境中运用法律原则为中心。所有的法律学校，无论它们是否声称自己实行的是创新或激进的法律教育，都在法律原则的研究上付出了很多努力。

> 传统的大学法律教育，以研究和分析法律原则，以及在给定的现实情境中运用法律原则为中心。

法律原则，包括分析引发法律问题的情境和解决这些法律问题的传统方法。例如，有人在丢失了他的宠物狗后张贴了一张寻狗启事，在启事中表示任何归还狗的人都将得到2000英镑的酬金。再假设我们的诉讼委托人已经找到了小狗并物归原主，但狗的主人却拒绝支付酬金，我们要解决的问题是：决定这则广告是否具有法律效力、狗的主人是否有义务支付酬金。这看上去像是合同法问题（合同是律师对协议的称谓），但令人困惑之处在于，在这个例子中，并不存在日常意义上的协议，而仅仅是单方承诺；我们的诉讼委托人在归还狗之前从未见过狗的主人。然而，合同法的一条原则是，有"对价"支持的承诺或保证具有法律效力，对价可以存在于某一互惠的承诺或某一行为中。这也就意味着，尽管本例中似乎只有单方面做出的保证，但狗的主人还是要承担法定的合同责任。对价原则另一方面的内容是，能够算作对价的行为（本例中是归还小狗），必须能使做出承诺的人获利，或者行为方没有法定义务做出这一行为，从而在某种意义上行为使他受损。根据这一原则，狗被安全送回，因此找到狗的人（即我们的诉讼委托人）也就有权得到酬金。

但假设这只狗年事已高、浑身恶臭、习性令人厌恶，而且几乎一文不值，实际上，大多数人都需要花很多钱才能养活它。这种情况有影响吗？如果酬金与狗的价值或归还狗付出的努力完全不相称，这有影响吗？这里，对价原则的另一方面似乎对问题的解决有所帮助。原则是要看对价的法律上的充分性而不是经济上的充足性，所以对这些问题的法律回答是：没有影响。当然，在这一点上常人所理解的公平可能会给出不同的答案。事实上，一些人可能会把本例中的承诺看作赠与承诺。

现在让我们假设狗的主人实际上对狗的丢失非常高兴，发布广告只是开个玩笑，从未想过任何人会把支付数额如此巨大的酬金的承诺当真。这里可以用到另一条合同法原则：承诺只有在认真做出的情况下才具有法律效力。初看起来这似乎有利于狗的主人，但是等一下，另外一条原则规定，当涉及意图问题时，我们并不关心立约人的真实意图，而只关注一个通情达理的人以立约人的行为为基础（即本例中公开发布酬金的行为）所理解的立约人的意图。所以法院很有可能会说，一个通情达理的人在看到这则广告之后，会认为立约人是认真的，因此把广告当真。但是如果找到狗的人承认他原以为广告不过是个玩笑，那就另当别论了。

现在我们稍微修改一下事实，假设我们的诉讼委托人把狗归还给狗的主人几天之后，才看到那则广告：他原本就知道狗的主人是谁，只是出于好心才把狗送回去。他此时还有权得到酬金吗？合同法中有很多原则似乎都可以派得上用场，但是这些原则究竟应该怎样适用于当前令人困惑的情况，仍然不是很清楚。其中一条原则把所有的合同分为给予（本例中指广告）和接受（本例中指归还狗）的两方。但是一个人能够接受他从未听说过的给予，这种说法讲得通吗？另一条原则认为，某种行为要算作对价，它必须是作为对承诺的"回应"做出的。当然，狗的主人做出承诺希望得到的回应是归还狗，但是找到狗的人归还狗则并不是"回应"狗的主人的承诺，而只是出于善良。所以，我们前面提出的几种情况，似乎都可以通过运用法律原则非常容易地解决，但最后这种情况向我们提出了这样一个问题：合同法究竟是关于什么的法律？如果合同法是为了保护那些遵照他人的承诺付诸行动的人，那么找到狗的人就不在受保护之列。当他归还狗的时候，他并没有依照狗的主人的承诺。与之相反，如果我们认为合同法应该要求人们履行承诺，为他人的行为支付酬金，那么只要承诺的附加条件在事实上得到了满足，承诺就应该具有法律效力。解决这个难题的一

> 法律原则有多种名称。律师有时会谈到法律原理，意思是指具有高度概括性的法律命题能够衍生出合理应对多种具体情况的解决方法。

种纯原则性的方法是：看哪种解决方法最符合涉及合同内容以及内在推理过程的先例并且显然是最合理的。其中牵涉的一种推理过程，可能是在努力证明有一个基本观点贯穿于所有与合同法有关的案例中：合同法是为了保护承诺引起的合法期待。由此可以推出，人们不能接受从未听说过的给予，因此找到狗的人将会败诉。

法律原则有多种名称。律师有时会谈到法律原理，意思是指具有高度概括性的法律命题能够衍生出合理应对多种具体情况的解决方法。比如，议会主权是英国宪法的一条原理，从而可以得出无论你遇到上千个议会法案中的哪一个，以议会无权通过法律为由拒绝接受法案是法律的一部分，在法律上都是不正确的 —— 因为议会可以通过任何法律。我们已经看到，还有一些原理一直以来都是用拉丁文来表示，这被称为格言。因此，刑法中有一条普遍原则是*actus non facit reus nisi mens sit rea*（无犯意行为，不为罪）。这条格言很难从字面上翻译，但其大意是说：一个人的行为本身不能使他成为一名罪犯，除非他有犯罪的意图，或者更简单地来说，犯罪在于思想而不是身体。所以，假如我捡起了你的雨伞，这种行为不是偷盗，除非我事先知道这把伞是你的，并且打算占有它。在这条原理

> 犯罪在于思想而不是身体。

的基础上，刑法律师已经详细地分析了严重罪行的本质，将构成犯罪的要素分为犯罪行为，即法律禁止的行为，以及犯罪意图，即必须存在的适当心理态度。这种分析也可能会导致棘手的问题。比如，犯罪行为必须是被法律禁止的行为，这一点似乎毋庸置疑。现在假设一位死刑执行官绞死了一个事实上已经被判处死刑的犯罪嫌疑人，而绞刑原本应该由他来执行，但他当时并不知道这一点，他只是喜欢绞死别人。那么，如果说他没有犯谋杀罪因为他的行为没有违反法律，这讲得通吗？只要死刑执行官足够幸运，绞死的恰好是被判处死刑的犯人，就允许他们随便把人绞死而不用承担法律责任，这

是我们所希望看到的吗？所以，我们看似合理的分析实际上是有差错的。

　　法律原则也被称为条例，特别是当它们给出的指导既具体又简洁时。在有关谋杀的法律中，有一项条例是：死亡只有发生在犯罪行为实施后的一年零一天内，法律才能认定死亡是由该行为引起的。当对某一原则做出的简洁文字表述被整个法律界接受时，也使用"条例"一词。条例常常和形成条例的案例联系在一起。比如，规定了刑法中精神错乱作为辩护理由的"姆纳坦条例"，就是1843年法官针对上议院向他们提出的问题仔细制定的。这些条例的确切文本，已经成为既定法律传统的一部分。法律原则也可以采用定义（"谋杀"在法律上是指有恶意预谋的非法杀害）和区别的方式，有时也可能被安上其他一些名称，比如"基本假设""法律推定"等等。所有这些都是法律职业特殊研究的一部分，它们的功能在于提供分析和解决法律问题的方法，从这个意义上讲，它们都属于法律原则。

　　普通法世界中的所有法律原则教育，都是决疑性质的，主要围绕分析棘手的边缘案例展开，在这些案例中，法律传统或者常识理性似乎各自倾向于相互对立的解决办法，或者没有对问题的解决提供明确的指导。这些案例可能是现实中的案例。比如，有趣的麦魁克诉戈达德案，起因是一名游客在动物

> 普通法世界中的所有法律原则教育，都是决疑性质的，主要围绕分析棘手的边缘案例展开，在这些案例中，法律传统或者常识理性似乎各自倾向于相互对立的解决办法，或者没有对问题的解决提供明确的指导。

园被骆驼咬伤的意外事故。体现在案例法中的现有法律传统，区别了由野生动物（在法律行话中用拉丁文ferae naturae表示）造成的伤害责任，和由家养动物（mansuetae naturae）造成的伤害责任。家养动物的主人只有在过失，或者事先知道动物的危险习性的情况下才负有责任，比如如果这已经是动物第二次咬伤人，他就要负责任。然而，对于野生动物而言，并不需要证明是疏忽或者知情，因为主人负有严格的责任，不需要任何过失证据。法律虽然对此做出了明确的规定，但是骆驼到底该划入哪一类呢？显然，无论怎样分类都有充分的理由。在英国，骆驼并不被当作家养宠物或者农场饲养的动物对待；骆驼只有在动物园才能看到，而且所有惹恼过骆驼的人都知道，这种动物有很吓人的习性。然而，世界各地都未发现过野生的这种骆驼，除非它们自己逃到野外变成野生骆驼，在沙漠地带骆驼早已被人类驯化。当时法院在审理这个案件时，一位赶骆驼的人出庭作证，声称骆驼十分依赖于人，没有人的帮助它们甚至无法交配，这种说法在我看来不过是贝都因人（一个居无定所的阿拉伯游牧民族）的一个笑话，但在当时却被审理案件的法官采纳为一条至关重要的动物学知识。法官支持骆驼在法律上是家养动物的说法，所以原告也就败诉了。

现在关于老虎的案件就不会造成任何麻烦了，从法律传统的角度出发，老虎当然是一种野生动物。但是关于骆驼的这一案例，因为是边缘案例，迫使我们非常仔细地去研究：做出野生动物和家养动物区别的确切基础是什么、做这样的区别意义何在。区别应该取决于这种动物在这个国家是否通常只被当作家养动物或农场动物饲养吗？（如果答案是肯定的，那么假设在一段时间内，饲养貂非常普遍，貂就应该被算作家养动物。）还是应该取决于案中涉及的动物是否属于一种既可以家养又可以在农场饲养的动物，并且一般来说是不危险的呢？（当我们说危险的时候，我们是指对人类来说危险还是对其他动物来说危险，还是对两者都危险？）按照这种说法，如果所有的野生大猩猩都灭绝了，唯一剩下的就是生活在动物园里的大猩猩了，那么当最后一只自由生长在野外的大猩猩死去时，大猩猩就变成了家养动物，这似乎听起来有些荒谬。所以骆驼案例和与之类似的案例的功能就在于，使人们集中思考区别的准确表述，以及这种区别背后符合常理的理由是什么。像文中所举的真实案例如果稍作改动，就可以产生其他与之作用相同的假想边缘案例。比如，显然会咬人的仓鼠在法律上应该如何界定？而一些性格非常温顺、绝对不会伤人的奇异宠物，比如一只以水果为食但样子恐怖的蜘蛛从笼子里逃出，引起他人的恐慌，结果有人摔断了腿，我们又该做何结论？这样的例子还有很多。在就边缘案例中细微差别展开的辩论背后，是对制定出两项而不是一项动物造成侵害的责任条例意义何在的思考。所以，原则性的法律研究经常要求明确表述，并判断隐藏在法律条例和原则背后的深层原理是否有意义，因为这些条例和原则不应该

原则性的法律研究经常要求明确表述，并判断隐藏在法律条例和原则背后的深层原理是否有意义，因为这些条例和原则不应该仅仅依靠先例的权威，而是还应该部分地基于理性。

仅仅依靠先例的权威，而是还应该部分地基于理性。

原则性法律教育的部分内容，仅仅是传递原始法律资料中的知识——一个学生在研究过骆驼的案例后，至少可以知道上诉法院在1940年的确把骆驼在法律上界定为家养动物——但这并不是原则性教育的真正目的。人们常说"要教会学生像律师一样思考"，这句话的意思是：让学生熟悉法院运用的推理方式，以及法院在审判就法律的地位产生争议的案件时遵循的惯例。所以，原则性法律教育依附于并且模仿法庭的推理过程，以法律报告中记录的法院裁决为主要模型。原则性法律教育也在一定程度上效仿在法律教科书中对法律进行系统化分类的法律阐释者遵循的惯例，这里的重点不是放在单个的棘手案例上，而是放在将一个法律分支表现为前后一致的系统化整体上面。但是，作为命题提出根据的推理形式，仿照的是法院的推理方式，特别是上诉法院，在那里，最有经验的法官手握大权，处理棘手的问题。我们已经看到，法院的推理有三个方面的依据：第一个方面，通过使用先例诉诸法律传统；第二个方面，求证于权威文本；第三个方面，诉诸常识性观点，也就是理性。原则性法律教育也会运用这些论证方式。

法律科学的假设

法律的原则性研究以这样的假设为基础，即法律可以用原理、规则、定义、例外等形式来表现，这套有序的体系可以运用到实际情境中，为有待解决的问题（无论问题是什么）提供唯一合法的正确答案。这样的假设，首先暗含了法律是包罗万象的，不存在法律解答不了的法律问题。我们可能会问一些非常古怪的法律问题，比如："憎恨仓鼠是犯罪吗？"即使面对这样一个问题，法律也做出了回答，答案是否定的。当然，这个问题必须是法律问题，法律对仓鼠是不是好宠物无话可讲。其次，这样的假设体现了法律

> 法律的原则性研究以这样的假设为基础，即法律可以用原理、规则、定义、例外等形式来表现，这套有序的体系可以运用到实际情境中，为有待解决的问题（无论问题是什么）提供唯一合法的正确答案。

必须是前后一致的，不会出现憎恨仓鼠既是犯罪又不是犯罪的情况。二者必须取其一。另外一个假设是，法律命题就像道德命题一样，是永恒的：在今天，谋杀是不对的，在明天，也不能认为谋杀是正确的。法律被认为是一门关于合理社会关系的综合科学，这种看待法律的方法，长期以来一直主导着法律思想。法院和职业法官，一直都是用这种传统方式来看待法律，这也是模仿法院实践的原则性法律研究不可或缺的一部分。根据法律科学，专家律师的工作是发现这些原则是什么，将其准确地表述出来，然后恰当地运用到案件的事实中。同样道理，医生的工作也可被视作发现和运用科学的医学原理去救治病人。维多利亚时期的律师，经常将自己的工作比作自然科学家的工作，相信法律科学和责任的划分是相适应的。比如，法官应该擅长应

> 法律被认为是一门关于合理社会关系的综合科学，这种看待法律的方法，长期以来一直主导着法律思想。

用，但是如果理论作家（相当于医学研究人员）找出法律原则并在书中加以详细阐述，可能会对法官的工作大有裨益。大学中的法律教育或者可以被视为一种机械化的流程，即传授给学生法律原则并指导学生在实践中应用这些原则，或者可以被视为一项令人激动的事业，即教会学生怎样凭借自己的实力成为法学家，自然科学教育也可被视为这两种情况中的任意一种。哈佛法学院的一位著名院长克里斯托弗·兰德尔曾经指出，法学院的学生只需要少量的指引就能够自己发现法律的原则，进而把整个法律教育体系都建立在这个乐观的信念之上。相信法律科学和对错误的认识是相适应的，法官可能把事情弄错，其他任何人也都有可能犯错。法律科学的信仰暗含着一个主张，即人们有能力找到正确的答案，因为所有问题都有一个正确和一个错误的答案，存在明确的对与错。我们在前面已经提到过这个观点，并指出它是和法治理想联系在一起的。

所有原则性法律推理，都是以"法律科学的假设是正确的"为前提。比如，出庭律师在法庭上绝不可能站起来对法官说，法律没有给出解决他们案子中涉及问题的方法，所以作为律师，他们也无话可说，只好坐下。法官也不可能这样解释他们的裁决：对这个案子法律提供了两种对立的答案，因为今天是星期二他们就采用答案A（这是犯罪），但是如果今天是星期三的话，他们就会选择答案B（这不是犯罪）。

下面我们将会看到，很多人都认为，法律科学做出的假设在某种意义上是种说不清道不明的神话，尽管我们知道这些假设是不正确的，在法律上我们仍然假装它们是正确的。这些人认为，法律并不是为每一个问题都提供了唯一正确的答案，或者说没有办法可以证明法律是否给出了唯一正确的答案。但是，即使这种怀疑态度是有道理的，可按照这种看法，原则性的法律辩论将根本无法开展，除非接受法律科学的假设——至少当作我们就法律展开辩论的惯例。如果辩论双方同时都可能是正确的，或者辩论中第一个要解决的问题是当前的纠纷在法律上是否存在一个正确的解答，如果不存在，第二个问题就是解决非法律答案应采取什么形式，在这样的基础上法律辩论如何开展呢？如果法律科学的假设是神话的话，那么它们似乎也是有用的神话，它们使我们所理解的法律和法律辩论成为可能。这或许就是为什么在原则性的法律研究中，即使研究者认为法律科学的假设在某种意义上是不正确的，在讨论法律问题时似乎也赞同能够从法律渊源中找出当前问题的正确解答。其他形式的实践理性，也以类似的假设为基础。

> 在原则性的法律研究中，即使研究者认为法律科学的假设在某种意义上是不正确的，在讨论法律问题时似乎也赞同能够从法律渊源中找出当前问题的正确解答。

　　原则性法律研究以及法律科学的基础理论遭受了很多批评，已经发展出了一个与之对立的完整的思想学派。反对派经常批判性地将原则性法律研究看作仅仅是熟记法律权威资料（这被称作"黑体字法"，因为过去出版的法律书籍采用的都是古代英国哥特式黑体字）。但是实际情况却并非如此，因为原则性法律教育运用了辩论和分析，而不是记忆，并且关注的重点是那些通常没有明显正确的解决方案以供熟记的情况。有时反对派也会攻击原则性法律研究不具有批判性，但这种指责并不正确，尽管研究中涉及的批评形式受到法律辩论惯例的限制。另外一种反对声音是，原则性法律教育的结果将会鼓励所谓的形式主义方式，这种方式将法律问题的解决方案表现为源于先例的法律原则的必然推论，根本没有关注法律的目的或功能，或是法律与时代保持一致的需要。毫无疑问，这种可能性是存在的，但是如果朝着最好的方向努力，原则性法律研究将会关注到这些问题；这全都取决于授课者的选择。事实上，传统的原则性研究，可以用作证明法律科学的假设是难解之谜的工具。

法律现实主义和现代反传统主义

反传统主义者是攻击和摧毁偶像及神圣东西的人，一直以来，对在法律上被视为神圣的东西（特别是法治概念）持反对和破坏态度的人，可谓是层出不穷。在中世纪一次案件审理过程中，双方的观点得到了相当充分的展示。1345年的一天，这一天对于普通诉讼法院来说一定非常冷清，一位律师提出了法院应该如何按照法治发挥自己的作用的问题，并且辩称如果法院不遵照过去的做法，将没有人知道法律是什么。这惹怒了一位早期的法律反传统主义者希拉里法官，他告诉提问的律师法律是什么："法律就是法官的意志。"这个回答显然让另一位法官斯通诺感到震惊，他断然地反对道："根本不是，法律是理性。"讨论不断地持续下去，提出了理性和先例的关系问题，在这个问题上，大多数法官所持的态度都是先例应该给理性让步。自从那时起，类似的讨论在法律界就从未停过，有少数法官和职业律师加入到了反传统主义者的行列。也许最著名的反传统主义者就是边沁，他认为普通法不过是个神话。法官制定法律就像一个人控制着一条狗，等到狗犯了错就打它。实际上，边沁是在与18世纪的法律著作家布莱克斯通爵士的鬼魂进行斗争，布莱克斯通的观点与斯通诺的观点相一致。

> 反传统主义者是攻击和摧毁偶像及神圣东西的人，一直以来，对被法律视为神圣的东西（特别是法治概念）持反对和破坏态度的人，可谓是层出不穷。

> ——"法律就是法官的意志。"
> ——"根本不是，法律是理性。"

　　到了近代，法律反传统主义在美国的法律思想中得到了蓬勃发展，出现了众所周知的美国现实主义运动，这是20世纪二三十年代的产物，杰罗姆·弗兰克法官是现实主义运动的代表人物，在他身上，希拉里的精神得到了复兴。20世纪20年代以前，法律科学的理论主宰着美国法律教育，现实主义者走向了与之对立的一面。法律科学认为的理想法律裁决，是把一条确定的法律规则应用到事实中产生的，这个过程可以用下列公式来表示：

$$R（规则）\times F（事实）=D（裁决）$$

现实主义者从各个角度出发，认为上面这个公式没有真实地反映出司法裁决的过程。一部分现实主义者把关注的重点放在等式里的"F"，即"事实"在现实生活中的不确定性上，这类现实主义被称为"事实怀疑主义"。事实怀疑论者认为，在现实生活中，作为

> 事实怀疑论者认为，在现实生活中，作为规则应用对象的"事实"，经常可能与现实不符，或是被法官操纵以产生一个确定的结果。

规则应用对象的"事实"，经常可能与现实不符，或是被法官操纵以产生一个确定的结果。可以这样说，事实并非逆来顺受地等待规则加之其身；事实是律师和法院构建出来的，而不是他们找到的。"事实怀疑主义"提出的问题，是一个常见的哲学问题。此外，美国现实主义还发展出了更为典型的所谓"规则怀疑主义"。规则怀疑论者认为：法律规则和原则，无法决定和支配一个案件的结果。他们认为，围绕规则和原则是什么产生的不确定性，以及无论是基于权威还是常识理性之上的法律推理总是依赖于不确定的理由，使得在现实生活中，法院在做出判决时，经常或者总是要在走哪一条路上做出选择。因此，现实主义者把法律确定性称作神话，并不断进行攻击——弗兰克法官甚至将寻找法律确定性归因于婴儿对父亲形象的追求。规则怀疑主义后来发展到激进的地步，提出裁决的正式法律原因应被视为一种橱窗装饰，只是徒有其表。

激进现实主义认为，在法律裁决形成的过程中，总是除法律规则之外的某一因素决定着裁决结果。根据一些不够成熟的看法，这

一其他因素（"OF"）可能是法官的理解状况。因此，法律裁决的公式也就变成：

$$OF（永远不可能是R）\times F = D$$

事实怀疑论者可能会用另外的符号来代替"F"，或许是"FCC"（"法院构建的事实"）。还有一种表述方法是，法律裁决的解释，必须从除正式提供的支持理由之外的其他因素中去寻找。我们可以说，在大标题下总是另有隐情。

> 法律裁决的解释，必须从除正式提供的支持理由之外的其他因素中去寻找。可以说，在大标题下总是另有隐情。

法律现实主义的发展，有两个基本原因。第一个原因是，拥有成千上万个法院和法官的美国法律体系规模庞大，判例报告大量出现，致使整个体系的凝聚力开始瓦解。像英格兰和威尔士那样规模相对较小的普通法体系，能够维持聚合力较强的职业传统，从而使得"大多数甚至全部法律问题都存在一个正确答案"这种认识不会与现实太过相左。在这种情况下，就哪些法律解答是正确的、哪些是错误的，人们能够形成高度的一致和认同。但在美国，情况就不是这样了，人们经常可以从大量判例中发现，针对一些有争议的问题，不同的法院裁决可能会倾向不同的观点。这也可以部分地解释现实主义运动为什么会出现在美国。第二个原因是，与受到现实主义攻击的法律科学理论紧密相连的是这样一种认识，即通过运用理性，可以客观地发现有效的是非原则应用于社会行为，法律科学理论将法律视为道德规范的一个分支。实际上，法律科学是一种客观自然法理论。当美国法律现实主义开始发展的时候，公众对客观伦理道德标准的信仰已经减弱，同时减弱的还有将法律视为伦理道德分支的认识，现实主义的兴起反映了这种现象。

当现实主义像其他形式的激进怀疑主义一样，发展到极端教条的阶段时，似乎已经无法证明自己的观点或者反驳对方的观点，尽管无数的现代批判作家幼稚地坚持认为：现实主义的正确性已经得到了证明。但是，这样的论调也适用于教条的法律科学：今天，几乎每个人都已成为美国现实主义者，因为所有人都承认 $R \times F = D$ 是对司法裁决本质理想化的或者过于简单化的表述，许多（甚至可以说是全部）司法裁决都牵涉如何选择的问题，影响案件判决结果的因素也包括非正式承认的因素。现实怀疑主义产生的一个实际影响是，从事"现实主义"研究的学者致力于发现真正发生了什么，而不仅仅是应该发生什么。比如，在刑事审判中，法律规定，与被告进行辩诉交易，即被告用认罪来换取对服刑期限的保证或者撤销更为严重的指控，是不正确的。所以一名被告一旦得到撤销谋杀指控且判刑不超过五年的保证，他就可能会承认过失杀人的罪行。事实上，这种在美国非常正常的体制可能会被滥用，正统的观点是："辩诉交易"（除了少数例外情况）在美国并不存在。但是从现实主义角度出发的研究，不会因为这种正统观点而停止，而是会继续调查事情

> 从事"现实主义"研究的学者致力于发现真正发生了什么，而不仅仅是应该发生什么。他们认为法治是一种理想，而不是现实的写照。

的真相，因而最终的结论可能是：这种现象在美国确实存在。同样基于现实主义传统，一个人也可以调查法官加入政治团体是否会影响他们的裁决，尽管正式的理论是：法官不应该受到影响。实际上，温和的现实主义认识到：法治是一种理想，而不是现实的写照。

到了更为近代的时期，法律反传统主义与马克思主义法律理论联系在一起，出现了新的转折，马克思主义理论似乎没有对战前的现实主义者产生任何影响。当各种流派的现实主义将怀疑的目光投向法治的可实现性时，马克思主义者则走得更远，他们把对法治理想的信念看作一种工具，其功能在于使法律体系显得符合道德规范。所以与极端的规则怀疑论者将法治视为非常愚蠢的神话相反，马克思主义者将法治视为一个极为重要的神话。法治用来增加公众对司法裁决的顺从和尊重，从而加强法律体系的权威。到了现代，特别是在美国的法学院中，发展出一种新的反传统主义法律理论，这种理论从本质上来说结合了已经确立的现实主义传统和源于马克思主义传统的社会理论家的观点，以及取自现代文学批评的观点。这一趋势被称为批判法律研究运动。对此不同的法学院之间产生了一些争议，这在外人看来可能十分奇怪，但是必须认识到的一点是：法律在美国被一些倡导者看作构成美国社会基础的一种世俗宗教，所以那些坚持激进法律批评的人被视为异教徒——在早些时候异教徒只会被绑在木桩上活活烧死。和此前的现实主义者不同，很多批判法律研究运动的参与者都认为：这是一

> 法律在美国被一些倡导者看作构成美国社会基础的一种世俗宗教。

种政治运动，因为它能影响权力的分配。这与他们对献身法治的人的看法是一致的。到目前为止，批判法律研究运动还未显现出任何在学术界以外的影响，但现在下任何结论都为时尚早。一些著作家通过有效地使用模仿和讽刺，以及其他作家狂妄傲慢的语言，已经引发了一些争论。

正式罗列出所有批判法律研究运动的信条是不可能的。一些批判法律研究者，仅仅延续了比较激进的现实主义传统，力求展现法律规则和原则不能决定法律裁决或者充分证明裁决结果是合理的。用专业术语来表示，这可以称作"批驳（trashing）"：选择一个案例，努力证明为这个案例所做的法律辩护逻辑混乱、前后矛盾、十分愚蠢，换句话说，根本就是一堆垃圾。但是批驳不仅仅具有学术目的，而且有政治目的：目的是剥夺法律裁决，并通过剥夺法律裁决进而剥夺整个法律体系的道德合法性，之所以要实现这样的目标，是因为法律体系被认为是使邪恶的社会组织形式和权力分配永久存在下去的罪魁祸首。其他法律著作家从马克思主义社会理论中发展出下列观点：法律原则既反映了我们生活的世界和社会的本质，又被用来证实和维护现有的社会安排。激进的批判主义者认为这些安排是压制性的。举一个简单的例子，传统的合同法原则预先假定个人有自由选择权，在不存在明显的威胁和欺骗的情况下，个人订立的合同是他们自由选择订立的，因此，如果他们最终发现自己不喜欢合同的结果，也

法律原则既反映了我们生活的世界和社会的本质，又被用来证实和维护现有的社会安排。

很难有什么怨言。根据这种思维方式，根据合同原则体现的意识形态，如果一艘在红海上行驶的维多利亚时期蒸汽船的机械室中工作着一名添煤工，他之所以会在如此恶劣的环境中工作，完全是他自由选择的结果。有人认为现有的社会安排，特别是那些与资本主义相关的社会安排，从根本上说是有缺陷的，这种看法可以与把法律看作意识形态并且在某种程度上决定着我们的思维方式以及行为方式的观念联系起来。迄今为止，这个领域中出现的最有趣的著作是历史性的研究，研究的方向主要是理解刑法作为一种意识形态在早期社会中是如何起作用的。

批判法律研究运动也体现出了一些空想的因素。研究者们拒绝承认，现有的法律结构和与之相适应的社会安排，在某种意义上可以理解为是合乎道德的，或是公正的，或是适合于我们生活的社会状态；相反，他们认为法律结构和社会安排创造和维护了一个即使没有法律我们也完全可以实现的世界。所以，如果通过教育人们可以逃离法律的主宰，那么整个法律结构就会土崩瓦解，失去控制我们的权力。一些法律著作家甚至宣称这种现象已经开始出现了。然而他们并没有指明法律消失后会发生什么，而这也正是空想主义的一个普遍特征。

法律和其他学科

批判法律研究运动既牵涉将法律的存在视为本质邪恶的态度，

又牵涉把主要源自马克思主义传统作家的社会理论应用于法律的研究中。法律的学术研究，显然也可以和其他多种学科联系起来，交叉研究的结果，既可以穿插到合同法或财产法等传统的法律课程中，也可以自成体系，成为特殊课程的研究主题。

> 法律从本质上来说是历史的产物，如果不学习法律史，根本无法获得对法律的正确理解。

我们已经看到，法律从本质上来说是历史的产物，有一种思想学派提出：如果不学习法律史，根本无法获得对法律的正确理解。所以在法律教育中，开设法史学课程是很普遍的。法史学可以是纯原理性的，致力于探寻具体法律原则的发展过程，以及这些原则如何在不同时期成为职业律师固有思想观念的一部分。法史学也可以把关注的重点放在法律程序和法律制度的演变上，比如法院或律师职业的演变，或者尝试把程序和制度变革与法律原则的变革联系起来。当然，历史不仅仅是讲故事，还包括解释说明，这就对法史学家提出了当代法律研究同样面临的理论性问题。法律裁决只能用法律原则来解释吗？还是法史学家应该像法律现实主义者一样，在法律之外寻找大标题背后的故事，将法律变革放在大的历史背景下？批驳历史上的一个著名案例有学术价值吗？法史学上的很多研究都是以中世纪法为中心的，大多数与中世纪时期相关的原始资料从性质上来说都是法律资料。比如，就15世纪而言，我们拥有的法律记录按重量计算已经有很多吨了，但却没有一份是个人日记，只有少数的私人信件。所以，中世纪社会的历史在很大程度上是依据法律资料构建起来的，从而可能造成我们对当时社会的曲解。但在较为现代的时期，大量的非法律证据都被保留下来，从来可以帮助我们理解法律的发展，运用这些资料也可以解释关于现代法本质的理论性争论。特别是在刑法史的历史学研究中，法史学家们已经试验性地运用了马克思主义法律理论。

所谓的传统法史学，以在法院中形成的普通法分支为中心，比如合同法或财产法。更为宽泛的法史学概念，当然没有这么局限。研究内容既可以包括普通法体系以外的法律安排，比如英国西部矿工锡矿法庭等各种地方法院执行的法律安排，也可以着眼于立法引入的法律安排的历史，比如维多利亚时期的工厂立法。随着法史学研究范围的拓

全体人民（包括法学家和法官在内）都是他们的时代和环境的创造者，由他们发展起来的法律制度并不纯粹是逻辑运用，而是由当时的事件所引起的实际上的折中和意见。

宽，出现了各种极具吸引力的研究主题，很多迄今为止还未曾有人研究过。这里举一个例子就足够了。19世纪初，英国还没有一部涉及海上安全的法律。随后，一套涉及移民船安全的法律，在全面调查的基础上逐渐发展起来，具体体现在《旅客法案》中。此后，又渐渐发展出一套为了保护船员及乘客的更普遍的安全法。为什么会有安全法的发展？它对海上安全产生了什么样的影响？我们必须记住泰坦尼克号的沉没，所以，法律或许根本没有对现状做出什么改变。安全法如何与传统的普通法和刑法联系起来？如果可能的话，这套法律如何与当时经济的快速发展联系起来？安全法真的帮助了

船员吗，还是像怀疑论者可能认为的那样，不过是用来让船员们三缄其口？

法律与哲学

前面我们已经提到过对法律的哲学研究，出现在法律课程中可以被称为"法理学""法哲学"和"法律理论"。这些课程讨论的内容可以分为两类。第一类是对法现象本质的一般哲学探求，对这样的探求的传统描述是说：它们在努力回答"法是什么"的一般问题。这个问题太过宽泛，就像吃东西时吃了满满一口无法消化，在咀嚼之前必须先分成小块，如果我们把这个问题稍稍细化，就会发现一般法理学主要着眼于分析正义、法律义务和法治的概念，使它们更容易为我们所理解。

对正义概念的探求，长期以来都是政治哲学和道德哲学的特点，对于律师来说，正义问题显然也具有吸引力，特别是因为正义问题已经深深地根植于法律思想和推理中。然而，奇怪的一点是，当前带有哲学性质的法律课程却并不以正义为核心。但是，法律研究在正义的概念和正义与法律关系的基础上却提出了独特的问题，二者之一常在关于法律义务的分析中讨论到 —— 非正义的法律具有约束力吗？另外一个独特的问题是基于"追求法治理想将会产生正义的法律"这种观点，询问法律和正义之间是否存在某种内在的联系。

非正义的法律具有约束力吗？

当然，还可以提出很多其他的问题。

就法律义务或责任而言，法律的一个显著特点是使得某些行为成为义务；如果某件事"是法律规定的"，你就必须做这件事。法律并非社会中义务的唯一来源。我们有家庭义务，比如参加家庭成员的婚礼和葬礼的义务，每年带孩子外出度假的义务。我们有道德义务，比如总的来说讲真话和信守承诺的义务，很多人觉得参与慈善事业也是一项义务。然后是宗教义务，根据要求一些人需要参加弥撒，或者向教士忏悔自己的罪孽。还有由感激和友谊引起的义务。时尚和礼仪也会对我们的行为产生强大的约束力，尽管我们在这里可能不会使用"义务"一词。很多人都发现，穿十分不得体的衣服参加晚宴（如果这种情况有可能发生的话），也是极其难以忍受的，还有很多人则恪守着该如何进餐或者摆放桌子等规则。在一些特殊团体的特定场合中，比如板球俱乐部或互济会礼堂，往往也会有一些奇怪的义务。所以，社会生活充满了各种义务和责任，对法律义务本质的研究力求找出法律义务的独特之处，是什么使法律控制或法律义务与其他控制区分开来。或许成功的探求将会告诉我们法律在所有社会中是怎样确切地区别于其他形式的控制、使我们清楚法律作为一种社会排序方式有哪些独特之处。一种答案将法律义务与有组织的强制联系在一起，其他人则对这种选择如此卑鄙的特点作为法律标志的理论感到不安。

我们在前文中已经提到围绕法治思想产生的一些难题，当前法律的一般哲学研究的主要推动力是就法治概念展开的讨论，关注的重点特别放在司法裁决的本质上面。针对法治概念产生的各种争议，是与关于政治自由主义理想的众多争议紧密联系在一起的，在18世纪和19世纪，法治理论开始和后者联系起来。在英国，自由主义一直遭到左派的攻击，而在美国，出于各种实际目的，左派只存在于学术界，但右派对自由主义的攻击也从未停止过。对法治的哲学探求，从而也就具有了政治意义，正是这种政治重要性，使这个主题从未淡出过人们的记忆。在美国，很多争议都是围绕最高法院的活动展开的，根据宪法，最高法院掌握了很大的政治权力。如果法院被视作一个司法机关，而不仅仅是非选举产生的故而是不民主的立法机构，就必须找到某种理论使法院的活动与法治保持一致。

除了关于法律的一般性哲学问题以外，法律研究中也出现了很多具体的哲学问题。比如，在侵权法中，关于民事侵害的赔偿（违约和违背信托除外），法院多次用到因果关系这一概念。出现在案例法中的一种方法使因果关系变得极为重要：引起他人损失的人应该做出赔偿，即使没有明显的故意侵害或者过失。但是"引起"究竟是什么意思？我们每天都在使用这个概念，但是这种运用能力并不代表我们能够令人满意地分析这一概念。因此，大量哲学文献都以因果关系为主题，有人则认为因果关系很难解释；法院试图通过大量的案例法来理解这个概念并在法律中使用它。类似的问题也出现在刑法中。假设

我们每天都在使用这些概念，但是这种运用能力并不代表我们能够令人满意地分析这些概念。哲学问题就是这样：问题永远存在，但是永远没有完美的答案。

A刺伤了B，并且B死了，但是如果给B治疗的医生当时没有酒醉到那种程度以至于他的治疗反而使B的情况更加恶化，那么B就不会死了。是A引起了B的死亡吗？另一个具体问题涉及"故意"这一概念。在刑法规定的很多情况中，个人要为他们故意造成的结果负责，同样，"故意"在日常生活中的使用也非常频繁。但是对"故意"的分析一点也不容易，它提出了以我们思考人类行为的方式为中心的哲学问题，这些问题从未得到圆满解决。哲学问题就是这样：问题永远存在，但是永远没有完美的答案。

社会学致力于发展关于社会组织本质的一般理论，并根据某些理论假设，通过设计的实证研究去发现我们的社会中真实发生着什么。从某种意义上说，这两种努力都可能具有颠覆性，因为最终出现的结果常常会与社会中普遍接受的观点，以及关于某一问题的常识性认识相背离。一些人觉得这样的结果让人不安，其他人则可能会被一些社会学家以专横的口吻、圣人般的姿态揭示我们生活的这个世界的真相所激怒。社会学也因为一些专业术语（所有学术性学科都有自己的术语）被人们不加分辨地使用，而变得更加混乱和神秘。然而，社会学法学研究已经在法律的学术研究方面发挥了举足轻重的作用，这种趋势极有可能继续持续下去。到目前为止，社会学中的高深理论，趋向于和批判法律研究运动联系在一起。就实证工作而言，运用实证方法研究犯罪学和刑罚学的传统很早就已建立起来。犯罪学最基本的研究方法是调查犯罪的原因并试图建立解释性或预见性的理论，刑罚学则是调查惩罚措施对人类行为的影响。在这两个领域，现在很多人都觉得过去提出的一些问题本身就有些愚蠢，这或许可以解释为什么这两个领域的研究一直没有取得巨大的成功。到了更为近代的时期，对法律在现今和过去分别是如何起作用所做的实证性调查，在犯罪学和刑罚学这两个传统领域之外产生了一些卓有成效的工作。显而易见，涉及法律制度和法律实践的社会学性质的研究，与律师和他们所受的法律教育直接相关，但是法律教育受时间所限，不可能将法学学生变成合格的社会学家。一些综合性大学和理工学院在把社会学研究纳入课程安排方面，做出了很大的努力。

经济学是另一门在现代对法律学术研究产生重要影响的社会科学，这种影响在未来可能会变得更加深远。法律和经济学运动，尽管在历史上可以追溯到功利主义哲学家边沁和政治经济学家斯密等理论奠基人，但其现代发展却起源于美国的法学院。直到近些年，法律和经济学运动才开始影响美国的法律教育。法律规则和制度会对社会产生经济影响是毋庸置疑的。举个例子，一旦法律开始要求

在制定最有利于社会的法规和做出最有利于社会的判决时，要考虑到经济因素，尤其是社会资源因素。

人们在小汽车内使用安全带，就会对在国民健保医院临时病室接受治疗的受伤者人数的减少产生立竿见影的效果，从而降低医疗成本，但是换个角度来说，则会有更多的年轻人从意外事故中活下来，这从长远来看会增

加国民健保制度的成本，因为这些活下来的人最终会变成老年人，需要照顾。当然，任何成本效益分析都需要考虑其他方面的得失。比如，被救活的司机会继续工作，缴税，从而在退休之前对国民健保制度做出贡献。显然，法学研究可以从这样的角度出发，法律和经济学运动希望通过运用由经济学家发展出的实证方法和理论方法，来增加对法律和其社会重要性的理解。比如，在经济学家眼中，刑法本质上是一种定价机制，经济学家发展出的定价机制运行的知识，可以帮助我们理解当前法律是如何运作的，以及如何使法律发挥更大的作用。同样，对事故赔偿体系的运行展开的实证研究，可能表明该体系没有最有效地达到预期目标，如果事实如此，采用其他体系就可能会对我们更有益处。诸如此类的经济分析当然是有价值的，尽管对某项具体研究结果可能会存有争议。

在美国得到发展的法律和经济学运动，由于各种原因已经开始卷入更普遍的争议中，我怀疑最主要的一个原因是"经济人"这个在运动中涉及的所有经济学观点里具有核心地位的概念，在本质上难以让人接受——经济人从自己的主观理性出发，运用一切手段冷酷无情地追逐个人利益，这种行为由于某种原因被认为是有利于世界的发展。很多经济学理论都由于某种原因（*somehow*）以这个词为核心。另外一种反对声音是，一些法律和经济学运动的倡导者，倾向于将追求经济效率本身视作凌驾于其他价值之上的目标或结果，这种观点

> 法律和经济学运动希望通过运用由经济学家发展出的实证方法和理论方法，来增加对法律和其社会重要性的理解。

在其他人看来不符合道德标准。第三种反对观点是，法律和经济学运动倾向于认为市场经济是资源分配的最优机制，这自然会引起那些坚持国家更多地干预市场行为才能优化资源配置的人的不满。一些参与了法律和经济学运动的著作者，把自己的理论有趣地但可能也是有争议地应用于法史学，宣称普通法的历史可以被视作经济效率高的解决办法战胜了经济效率低的解决办法的自然选择过程。无论采用哪种形式，法律和经济学运动必将对法律的历史研究产生深远的影响。

比较法

试图理解某一社会制度并批判地研究它的一种方法，就是跳到这种社会制度之外。史学研究通常都会采用这种方法，以帮助人们

试图理解某一社会制度并批判地研究它的一种方法，就是跳到这种社会制度之外。从学术角度看，了解其他社会如何管理它们的法律安排，有助于审视本国法律体系中的缺陷，并寻找改革完善的途径。

以史明鉴，更好地理解现在。比较法作为法学院的传统科目之一，也用到了这种研究方法。若干年前，古罗马法仍是法律课程安排中的一门常规课程，古罗马法研究采用的一种形式就是比较，比如，牛津法学院的教学大纲中曾经包括一篇比较罗马侵权法和英国侵权法的论文，其中也穿插了对法国法的研究。今天，古罗马法的研究已经衰落了，比较法课程通常关注属于民法传统的现代大陆

法体系，这些课程从本质上来说是不同法律传统间的比较。这种比较可能具有纯粹的实用价值：随着与欧洲及欧洲共同体法的接触越来越频繁，律师需要更多地具备至少是和民法法系的律师沟通的能力。从学术角度看，了解其他社会如何管理它们的法律安排，有助于审视本国法律体系中的缺陷，并寻找改革完善的途径。要实现完善本国法律体系的目标，比较的对象应该是与自己国家类似的社会奉行的法律传统，由于这个和其他原因，比较法的课程通常极少涉及伊斯兰法或印度法等与英国差异显著的法律传统。

一个完全在某一法系中受训练而不知其他法系的法学家，不可能从他那个法系后退一步，正确地看待它，因为他没有可资比较的标准，借以判断该法系的优缺点。其他法系的知识提供着新识见，借助于这些新识见就可以更好地了解本国所属的法系，弄清它的弱点，增强它的力量。

比较法的研究并不仅仅意味着取得能力来比较和对照不同法系里的特殊规则。比较法学家有能力自由进出于不同法系之门，不在任何一个法系的错综复杂的情况中迷路。他们不会只见树木不见森林，也不会牺牲掉琐碎的知识，因为看到这些知识时他们也看到了树木。他们不把自己仅仅局限在法律规则中，而是还研究不同法律体系的各种方法论。比较法的最大优点在于，它能医治任何法系的那种有时说得清楚而往往又不能表述出来的确信本法系优越的

> 比较法的最大优点在于，它能医治任何法系的那种有时说得清楚而往往又不能表述出来的确信本法系优越的顽固症。

顽固症。这种优越感乃是法学家在所有管辖权方面的主要缺点，普通法系也不例外，从布莱克斯通把英国法律制度看作法律指挥顶峰的时候起，普通法学者便趋向于狭隘和内向了，他们由于非常缺乏知识而无视本国法律制度的缺陷和其他法律制度的力量。今日比较法研究的迫切需要，已令人高兴地纠正了这种态度，至少是局部地纠正。可以希望，比较法研究所展示的更为宽广的远景，会把未来的一代代法学家从骄傲自满的谬误中拯救出来。

在大学本科阶段开设的比较法研究，显然面临着语言不通的困难。如果学生不能阅读原始法律资料，就很难获得深刻的理解。比较法研究也面临着停留在表面、不深入的困难；考虑到时间限制，这也是在所难免的。实际上，所有试图拓宽法律教育范围的努力都会遇到同样的问题，因此，一门法史学的课程必须在选题和课时安排方面非常慎重，而法律和经济学课程则必须解决大部分选课学生可能对最基本的经济理论一无所知的问题。尽管拓宽法律研究范围可能会带来组织问题，但是所有这些困难并不会抹杀为此所做努力的价值。这样做有两个目的：一是介绍给学生思考法律的新方式，他们可以根据自己的兴趣在今后进一步去探索；二是打破英国法律界对法律职业所持的狭隘和未加批判的态度。尽管播下的很多种子都不会开花结果，但这却正是教育要做的。

第八章

法律的未来

众所周知，研究和预知未来是一种不可靠的行为，但是我们或许可以在这里冒一次险，简要地思考一下法律的未来，以此结束这本《法学的邀请》。当前存在一种颇具影响力的思想流派，认为我们所认识的法律正在消亡，这种观点既可以说是悲观的，也可以说是乐观的 —— 取决于一个人怎样看待这个问题。同样的观点若是换一种说法 —— 法律的本质正在经历剧烈的变革，可能人们就不会感到如此震惊了。这样的一种未来观，必然是与历史观联系在一起的，通过广泛地研究过去，我们能够发现确定的变化模式。

研究和预知未来是一种不可靠的行为。但是，通过广泛地研究过去，我们能够发现确定的变化模式，做出新的变革。

法律演变理论

事实上，长期以来，法学家们一直都在试图建立法律发展的一般理论，以便帮助我们在一种法律演变图表上找到自己合适的位置。我们之前已经遇到过这样一种理论，该理论由亨利·梅因爵士在其所著的《古代法》一书中提出。梅因认为，进步的社会（大部分社会都没有进步）都经历了由地位到契约的转变，他把自己生活的维多利亚时期归入契约时代。梅因也谨慎地指出，迄今为止（hitherto）社会的发展都遵循这样的规律，并没有排除未来的生活可能会发生变化，合同法也许会丧失主导地位这种可能性，毕竟，梅因不是未来学家。他还发展了一种法律的演变理论，与玛代和波斯人不可更改的法律大不相同。梅因发现，法律的变更机制中存在着一种先后次序。首先使用的机制是传说或神话，其次使用的是衡平，最后是立法。维多利亚时期的社会处在立法时代。法律演变理论在当时非常流行一点也不足为奇，同时代也出现了达尔文的《物种起源》，尽管梅因似乎并没有受到达尔文的影响。另一位维多利亚时期的学者戴西，在其至今读来仍脍炙人口的《论19世纪英国法律与舆论关系》一书中也论及了类似的理论。戴西对梅因提出的第三种法律变更机制（立法）尤其感兴趣，并试图通过研究舆论的变化趋势来解释19世纪立法的变更。他认

每种文化实质上都是对它在其中发展的特殊的自然和社会环境的一种适应。为一种文化标准所认可的惯例，也许会被另一种文化标准宣布为不适用。

为，在英国，当时对法律演变起决定作用的是舆论，不过其他社会的情况可能会与此有所不同。对法律的早期历史和法律人类学感兴趣的学者也强调了法律演变过程中的阶段性，并试图将法律发展的阶段性与社会和经济发展的不同阶段联系起来，并且先后出现了大量原始法（原始法是以前一种稍显粗鲁的称谓）方面的著作。

　　同时期在普通法世界之外最具影响力的著作，是由德国社会理论家韦伯所著。韦伯关注的重点，并不是建立法律演变的历史顺序。他试图通过将法律现象与它们接近的"理想型（ideal types）"联系起来，分析法律现象的本质。韦伯的思想非常复杂，但大致意思可以简略地表述如下。以法律裁决为例，做出法律裁决的过程可能是非理性的，比如运用某些超出人类理解范围的超自然方式来决定有罪还是清白，就像1215年以前普通法中使用的经受火或水的磨难。对于韦伯来说，这是法律非理性，可归为形式非理性。法官做出一项裁决，也可能是基于他对具体案件事实的情感反应，而不是普遍规则或原则，这就是我们所说的棕榈树正义——法官坐在棕榈树下做出裁决。这也被韦伯称为法律非理性，但是他把这种情况归为实质非理性。对韦伯来说，做出裁决不以普遍规则为依据就是非理性。与之相反，法律裁决也可以是理性的，

> 做出裁决不以普遍规则为依据就是非理性。

以普遍规则和原则为参照，但是，现实中存在不同类型的理性。如果依据的规则不是法律规则，比如法官可能会根据道德规范或者正义的思想做出裁决，这时的裁决也是理性裁决，韦伯称之为实质理

性。如果裁决的依据是从律师这一特殊群体的思想中产生的一套抽象概念和规则，则称为逻辑形式理性——我们曾用另一个名称来指代这种情况，即法律科学（legal science）。现在，如果我们把这套理论应用于日常法院判决，所谓官方的说法（体现在法治思想中）是"法院裁决都运用了逻辑形式法律理性"，但事实却是"这些裁决并没有完全符合这种理想型"，其他理想型的因素也可以在法律裁决中找到，但是在某个特定时期，可能只有一种类型占据主导地位，从这个意义上说，韦伯的理论可以运用到法律演变理论中。

现代的法律演变理论包含了"未来在某种意义上是确定的"这种观点，它受到马克思主义的很大影响，并出现在批判法律研究运动的法律研究中。一位在这场运动中类似于先知的著作家R.M.昂格尔，运用部分源自韦伯的概念发展了法律演变理论；昂格尔也在理论中加入了未来学和空想主义的成分。当然，对这两者的论述必然带有模糊性，不管怎样，当代人要发现他们同时代进行的历史变革是十分困难的一件事。当历史上的黑暗时代结束时，人们并没有载歌载舞，中世纪结束时也没有鸣钟庆祝。我不打算再复述或评论更加复杂的法律演变理论，我想任何简略的回顾都会表明：至少在英国，已有迹象显示出法律在社会和政治组织制度中的地位正在发生剧烈的变革。

当代人要发现他们同时代进行的历史变革是十分困难的一件事。

维多利亚时期的法律意识形态

我们可以首先看一下法律教育。构成法律教育核心的原则性法律教育，反映了法律科学的理论，在普通法的发展历史中，法律科学理论盛行的时期是19世纪后半期，这个阶段通常被人们称为普通法的古典时期。确切的原因很难回答，但是今天普通法学者许多固有的思想观念，毫无疑问都来自于这个时期；已经建立起来的法律教育传统，也强调19世纪给后世遗留下来的宝贵财富。因此，一位法学院的学生在学习合同法、侵权法和刑法时遇到的大多数概念，包括宪法中的许多概念，都以19世纪作为起点；事实上，法律教育中的很多重要案例也都来自这个时期。法治的概念亦是如此，戴西在其1885年首次出版的《宪法研究导论》中论述了法治理论，这一概念在一篇相关的评论中得到了进一步的详细阐释。此外，强调19世纪的重要性，就是强调从法院的司法裁决中发展而来的普通法，立法在这个时期的发展历史中并不是关注的重点，尽管戴西对立法表现出浓厚的兴趣，但却并没有被大多数后期的法学家所继承。主宰法律教育的思想体系，与主宰职业律师思维方式的思想是一致的，它们已经渗透到了社会的各个领域。简而言之，我们看待和思考法律的方式，与戴西及其同时代人思考法律的方式是极为接近的。我们的法律意识形态，就是维多利亚时期的法律意识形态。

19世纪虽然是普通法的古典时期，但也正是在这个时期，普通法的重要性开始降低，这似乎是一个悖论。人们越来越信任通过国家干预纠正社会中的违法行为并改善社会总体状况的实用性和有效性，同时专业的中央和地方政府机构大规模地兴起，这一切已经改变了普通法管理下的世界。进入20世纪，这种变革的趋势仍在继续，两次世界大战的爆发和随之产生的中央管制经济以及急剧膨胀的细节管理，使得变革的速度进一步加快。与此同时，则出现了大量本质上是法院（比如租赁裁判庭）但并不执行普通法的机构，几乎在普通法战胜其旧对手法院的同时，新的法院也就诞生了。在这个过程中，权力转移到了内阁领导下的政府部门的手中，在一段相当长的时期内，议会也受到内阁的控制。在过去的大约150年间，政府规模和管理范围的变化，加上英国宪法作用的变化，已经显著地改变了普通法在许多体系中的地位。然而，这些变革并未改变法律工作者对法律的看法。例如，法律工作者（尤其是穿红袍的高级法官）

> 法官（尤其是穿红袍的高级法官）仍然保持着他们在1860年时上帝般高高在上的形象，但真正大权在握的却是政府部门的高官们。

仍然保持着他们在1860年时上帝般高高在上的形象，但真正大权在握的却是政府部门的高官们。很多高等法院和上诉法院的法官，把大部分时间都花在处理枯燥乏味而且无关紧要的纠纷上面，比如有关汽车保险公司和入室盗窃的窃贼的案子，这些工作完全可以由任何一位年轻合格的法官来做，结果并无二致。当然，高级法官有时也会发掘出一些更令人兴奋的事情来做，比如离开法院开展司法调查，就像斯卡曼勋爵调查布里克斯顿暴乱那样，当然，这是这位勋爵作为法官做过的最重要的一件事，只不过他并不是以法官的身份做的这件事。

上文中提到的和未提到的各种变革，已经在某些方面普遍地改变了我们社会中法律的性质，这种观点现在看来是有道理的。可以说，法律已经成为官僚政治的主要工具。从官僚制度的角度出发，依法行政是有益处的，它带来了高效的管理和平静的生活，因为对法院的尊重可以增加被统治者对政府行为的默许程度。但从另一个角度来看，坚持法治精神所产生的约束和限制，也可能会被视作恼人的绊脚石。这种态度在战争时期最为明显和公开地得到了承认。因此，在"二战"期间，政府虽仍依照法律行政，但却获得了很大的自由裁量权，甚至可以形容成德拉古式残酷的专制权力，比如政府可以不经过任何形式的审判就无限期地关押个人，政府在成千上万的案件中都运用了这种权力。这些权力的确是由议会通过的法律授予的，但这并没有产生符合法治要求的依法行政。

这种现象并不仅仅发生在战争时期，法律的使用背离法治理想，在今天已经变得非常普遍。背离有多种形式。一种形式是通过法律授予官员充分的自由裁量权，他们的行为受到的限制在法律上定义相当宽泛，这实际上使其行为脱离了法律的控制或各种公众监督。另一种形式是制定极不严格的刑法，从而使得现实中对什么样的行为算作犯罪、什么样的行为不是犯罪的认定，取决于检察机关或政府的裁量。第三种形式是，建立相关机制将判决场所从公开的法院移至非公开的会议

> 法律的使用背离法治理想，在今天已经变得非常普遍。可以说，法律已经成为官僚政治的主要工具。

厅。释放获准假释犯人的制度就是这样一个例子：犯人的服刑期限不再由法院决定，而是改由委员会决定。另外一个例子是秘密司法听证的增加。几年前，布莱克（一位双重间谍或三重间谍或四重间谍——对此我们根本无从知晓）在和平时期被秘密判处42年监禁。针对这起几乎令人难以置信的事件，没有发生任何公众抗议。直到今天，尽管布莱克早已越狱逃到了俄罗斯，政府仍没有公布任何细节。第四种形式是，通过特定的安排实际上剥夺了公众获得和享有法律的权利，或者这种权利仅存在于纸上，在现实中大多数人在大多数时间或当他们需要的时候仍然享受不到。因犯有严重罪行而被逮捕的嫌疑人是真正需要律师的，但如果有官员说不，他就无法立刻得到律师的帮助。公众被拒绝获得和享有法律，已经严重降低了《人身保护令》补救的有效性。在英国，由于高额的费用和较高的风险性，民事诉讼极少被公众使用。

如果你经常关注政府公文，就会不断发现法律的使用背离法治理想的例子。《公务员保密法》的实施就是一个很好的例证。很显然，依法行政只有在公众的监督下才能实现，最初以捍卫国家安全免受外国敌人颠覆的名义制定的保护国家机密法案，其全部功能实际在于放松公众的警惕性。一届又一届的政府都承诺修改这部法律，但却都只是嘴上说说而已，如果有一天这部法案被废止和取代，那一定是因为政府增强了对重要信息的控制，而放松了对一些无关紧要的领域的控制。

> 依法行政只有在公众的监督下才能实现。

那么在这样一幅灰暗的图景中，法律占据一个什么样的地位呢？在可预见的未来，政府对我们生活的干预范围根本不可能缩小，尽管干预的形式可能会发生改变。政府通过法律形式进行管理这一传统，在重要性上也不会有一丝一毫的削弱。然而可能出现的是，政府依法行政与法治理想之间的对立，和当前相比将会变得更加尖锐，如果出现这种情况，符合法治理想要求的法律将会不复存在，剩下的将是一种需要被公民保护的法治，而不是给公民提供保护的法治。这种观点并不是杞人忧天，在第二次世界大战期间，法律作为人身自由保护的工具已经失效了，对于那些被关押的人，法律什么也没有做。对这个普遍问题的认识，已经在行政法的发展过程中有所体现，这个法律分支的目的是将政府官员的行为纳入法律规范的范围内。对这个问题的认识，也在一些领域引发了呼吁某种形式的法定权利法案的热情。符合法治要求的依法行政，将在很大程度上取决于法律职业者如何努力对法治理想做出重新解释，使之在当今社会既是现实可行的又能发挥效用。为了实现这个目标，法学界必须坚定地摆脱陈腐的维多利亚时期法律意识形态遗留下来的空洞的论辩。目前已经出现了一些可喜的改变，这个目标当然不是不可能实现的。

> 符合法治要求的依法行政，将在很大程度上取决于法律职业者如何努力对法治理想做出重新解释，使之在当今社会既是现实可行的又能发挥效用。

第九章

几点建议

接下来我们该做些什么呢？有三种有益的选择。第一，多读些书；第二，尽力接触一些法律实践，最好是能亲自参与其中；第三，了解一些关于如何成为律师的知识。

推荐阅读

对于一些希望从事法律学术研究的人，需要阅读一些既能展示法律研究非常有趣，又能让读者大致了解应该如何研究和思考法律的著作。我不主张一上来就去阅读那些非常专业的法律书籍，除非是和作为法律形成基础的案例研究一起阅读，否则这些书很容易让人失去学习兴趣，并且这种阅读要求接触一定的法律报告，以及其他人的指导。事实上，很少有人会像读小说或人物传记那样去读法律书籍。人们只是在遇到没有条理的资料时，把这类书籍当作一种可供查找的地图。下面列出的书目不一定适合每个人，我的建议是放弃任何一本你觉得枯燥乏味的书。不过，如果你觉得所有这些书都很枯燥，我怀疑法律这个专业或这一行并不适合你。

　　起步阶段应该看什么样的书呢？一种选择是阅读关于案件审判的著作，大部分人都可能会对这类书籍比较熟悉。很多审理记录只是把审判当作扣人心弦的戏剧而没有深入探讨法律和生活是怎样交织在一起的，这类书籍的主要目的是追问法院定罪或宣告无罪是否正确。不过，其他一些著作则提

> 事实上，法律面前并不是人人平等的，如果真是平等的话，我们将会生活在一种无政府主义状态中，而非受到法律的管制。

出了更为普遍的法律问题。约翰·博德金·亚当斯博士（Dr John Bodkin Adams）主持的一次审判在第二类著作中得到了极好的阐释。同时记录这个案例的有西比尔·贝德福德的经典名著《我们的最佳选择》（Sybille Bedford, *The Best We Can Do*, London, 1958），和帕特里克·德夫林勋爵的《放松逝去的》（Lord Patrick Devlin, *Easing the Passing*, London, 1985），后者其实表现了依照法治审判的理想。如果你喜欢这本书，那么可能德夫林的另一本著作《法官》（*The Judge*, Oxford, 1979）也会比较对你的口味。我自己所写的《同类相食与普通法》（*Cannibalism and the Common Law*, Chicago,

> 法律秩序的目的怎样适应人类生存的目的？

1984；London，1986）试图通过对一件刑事案例的研究提出关于法律的实施和作用等基本问题，书中记录了1984年两名水手在船只失事后杀死并吃掉了一名船上服务生，最终以谋杀罪被起诉的著名案例。"著名英国审判系列"（Notable British Trials Series）中涵盖了许多其他案例，值得阅读的是其中那些提出了法律以及事实问题，或者触及了更广泛问题的案例。比如论述唐纳德·特鲁案（D. Carswell编辑，London，1925），或威廉·乔伊斯案（J. W. Hall编辑，London，1946），或柏沃特斯和汤普森案（F. Young编辑，London，1923）的卷本。如果你对维多利亚时期的著名讼案感兴趣，那么长期以来对人们吸引力不减的伍德鲁夫的《蒂克伯恩原告》（D.Woodruff，*The Tichborne Claimant*，London，1957）值得推荐。罗尔夫所著的《审判查太莱夫人》（C. H. Rolph，*The Trial of Lady Chatterley*〔*R. v. Penguin Books Ltd*〕，London，1961）论述了依照英国《1959年禁止淫秽出版物法》，企鹅公司出版的D. H. 劳伦斯（D. H. Lawrence）的小说《查太莱夫人的情人》被指控为淫秽出版物，但起诉最终失败一事。这次审判是英国历史上一次极为重要的审判，《审判查太莱夫人》一书非常值得一读。

　　在读过一些有关审判的书籍之后，或者你也可以跳过审判类的书籍，直接尝试阅读数量相对较少的古典法律名著，其中两本维多利亚时期的著作至今仍广受欢迎。它们分别是H. S. 梅因的《古代法》（H.S.Maine，*Ancient Law*，London，1861）和O. W. 霍姆斯的《普通法》（O.W. Holmes，*The Common Law*，Boston，1881）。两位

作者都曾担任过重要职务：梅因曾在当时大
英帝国的殖民地印度的总督府任职，而霍姆
斯则成为美国最高法院的一位著名法官。这
两本著作中的很多观点在今天看来都是错误

> 为了生活在一个社会里，个人应在什么范围内把权利转让给国家？

的，但仍值得一读，因为它们能够阐明如何用一种平常而有趣的方
式来思考法律。如果你感到意犹未尽，可以在G. 费弗的《从身份
到契约》（G. Feaver, *From Status to Contract*, London, 1969）中读
到更多梅因的思想，也可通过M.德·沃尔夫·豪的《奥利弗·温德
尔·霍姆斯法官》（M. de Wolfe Howe, *Justice Oliver Wendell Holmes*,
Cambridge, Mass., 1951, 1963）增加对霍姆斯的了解，后一本书
非常有趣，只是篇幅未免太长了。另外一本19世纪的经典名著是
A.V.戴西的《论19世纪英国法律与舆论关系》（A.V. Dicey, *Law and
Public Opinion in Nineteenth Century Britain*, London, 1905），戴西
的另一本著作《宪法研究导论》（*Law of Constitution*, 9th, London,
1939）绝不像书名显示的那样令人望而却步。近年来也有一些书可
以称得上经典并且非常深入浅出，但是这些书不太容易买到。读者
比较容易买到的是H. L. A.哈特的《法律的概念》（H. L. A. Hart, *The
Concept of Law*, Oxford, 1961），但是这本书只对那些对哲学问题比
较感兴趣的读者有吸引力。这本书和其他名著一样，很值得一读。

　　除经典著作之外，还有很多法律研究指南，其中最负盛名的是
G.威廉姆斯的《学习法律》（G. Williams, *Learning the Law*, 11 th,
London, 1982），在开始学习法律课程之前，我不打算向读者推荐这

本书，因为这类书只适合用作学习指南和一些有用信息的出处。关于英国法律体系的概论也有很多，但是它们的主要目的也是为读者提供有用信息，其中最全面的一本是R. J.沃克的《英国法律体系》（R. J. Walker, *The English Legal System*, 6th, London, 1985）。我要暂且撇开这类指南性质的著作，另外推荐一下C. K.艾伦的《形成中的法》（C. K. Allen, *Law in the Making*, 7 th, Oxford, 1964），不过该书前言部分理论性较强，读起来非常费力，可以略去。这本书在现在看来已经有点过时，但是它对法律演变方式的论述还是十分精到的。类似的内容在另一本可算经典的著作中也有论述，E. H.列维的《法律体系引论》（E. H. Levi, *An Introduction to Legal System*, Chicago, 1949），这本书的另外一个优点就是长短适宜。

> 改变法律的需要，在何种程度上应超过对法律的稳定性和确定性的需要？

下面我将要推荐的是一些易于初学者理解的关于具体法律分支的著作。P. S. 阿蒂亚的《事故、赔偿与法律》（P.S. Atiyah, *Accidents, Compensation and the Law*, 2nd, London, 1975）是一本上乘之作。这本书属于"语境中的法"系列。这一系列中其他读者可能比较感兴趣的卷本包括J.依克拉的《家庭法与社会政策》（J. Eekelaar, *Family Law and Social Polity*, 2nd, London, 1984），K. 奥多诺万的《性别差异和法律》（K. O'Donovan, *Sexual Divisions and the Law*, London, 1985），和G. 罗伯逊的《论淫秽》（G. Robertson, *Obscenity*, London, 1985）。如果你对最后一个话题感兴趣，还可以进一步地阅读由B. 威廉姆斯编辑、剑桥大学出版社再版的《淫秽出版物和电影审查制度调查委员会报告》（*Obscenity and Film Censorship*，1981）。许多小书源于哈姆林演讲座，经过整理被史蒂文斯（Stevens）出版成书，讨论了具体的法律问题，主要面向非法律专业人士。优秀的例子包括B.伍顿的《犯罪与刑法》（B. Wootton, *Crime and the Criminal Law*，London, 1963），A. R. N. 克洛斯的《惩罚、监狱和公众》（A. R. N. Cross, *Punishment, Prison and the Public*，London, 1971），以及R. 达伦道夫的《法与秩序》（R.Dahrendorf, *Law and Order*，London, 1985）。丹宁勋爵的许多著作如同他的司法观点，尽管有些古怪，但非常通俗易懂，最著名的莫过于《法律的训诫》（Lord Denning, *The Discipline of the Law*，London, 1979），部分人可能会认为是《家庭故事》（*The Family Story*，London, 1981）。A. 帕特森的《上议院高等法官》（A. Paterson, *The Law Lords*，London, 1982）可以作为很好的法社会学研究引论来阅读，书中的理论并不十分艰涩难懂。

当国家的法律有悖公民的道德观念时，它在何种程度上仍命令他们服从？

对法律起源感兴趣的读者，可以选择E. E.埃文思-普里查德的人类学经典名著《努尔人》（Evans-Prichard, *The Nuer*，Oxford, 1940），书中描述了一个没有法制的成功社会, S. 罗伯特的《秩序与纠纷》（S. Robert, *Order and Dispute*，London, 1979）讨论了更为普遍的问题。对英国法律史的最佳基本介绍是J. H.贝克的《英国法律史导言》（J. H. Baker, *An Introduction to English Legal History*，

London, 1979），不过这本书可能不适合初学者阅读。H. L. A.哈特的《惩罚与责任》（H. L. A. Hart, *Punishment and Responsibility*, Oxford, 1968）和《法律、自由和道德》（*Law, Liberty and Morality*, London, 1963），可以满足一些读者对哲学的兴趣。如果读者仍感到意犹未尽，可以研读德夫林勋爵在《强制执行道德》（*The Enforcement of Morality*, London, 1965）一书中的论点。R.德沃金的观点表述在《法律帝国》（R. Dworkins, *Law's Empire*, London, 1986）一书中。此外，大量文献围绕刑法以及刑法的相关学科刑罚学和犯罪学展开，这方面有两本书值得推荐，分别是L.拉兹诺维奇和J.金合著的《犯罪的成长》（L. Radzinowicz and J. King, *The Growth of Crime*, London, 1979），以及N. 沃克的《理性社会中的判决》（N. Walker, *Sentencing in a Rational Society*, London, 1972）。读者还可以从公共图书馆中找到许多其他著作。

P. 斯坦与J. 香德合著的《西方社会的法律价值》（P. Stein and J. Shand, *Legal Values in Western Society*, Edinburgh, 1974），主要讨论了理想在法律思想中的一般地位。L. L.富勒在《法律的道德性》（L. L. Fuller, *The Morality of the Law*, New Haven, 1964）一书中给出了对法治理想（被称为合法性）最完美的现代阐述。F. A.哈耶克在《法律、立法和自由》（F. A. Hayek, *Law, Legislation and Liberty*, Chicago,

> 世界上大多数争论都起于语词。文化发展愈复杂，语言的确定性就愈小，损害人们的权利就愈简便。法律程序中的混乱现象就愈多，尤其是在有多种语言的社会里。

1973—9）中，更加详细地将对自由政治哲学的阐述，和对社会主义与自由不兼容的攻击结合了起来。从马克思主义传统出发，完美地介绍了法律反传统主义的是E. P. 汤普森的《辉格党人与猎人》（E. P. Thompson, *Whigs and Hunters*, London, 1975），以及D. 黑与其他人共同完成的《英格兰的命运之树》（D. Hay and others, *Albion's Fatal Tree*, 1975, 1977）。这两本书探讨的都是18世纪法律，前者以对法治的有趣讨论结束了全书。如果你想更深入地了解马克思主义法律理论，H. 柯林斯的《马克思主义和法律》（H. Collins, *Marxism and the Law*, Oxford, 1982）对这一主题做出了最为清晰的阐释。J. A. G. 格里菲思在《法官的政治》（J. A. G. Griffith, *The Politics of the Judiciary*, London, 1977）一书中对法官太过墨守成规提出了批评。杰罗姆·弗兰克准确地把握了美国现实主义的主旨，著成《法律与现代精神》（Jerome Frank, *Law and the Modern Mind*, London, 1949），读者在阅读这本书时需要了解一点，尽管弗兰克的观点不同寻常，但他是一位优秀的法官。唯一一本论述美国批判法律研究运动的著作当数R.M.昂格尔的《批判法律研究运动》（R. M. Unger, *The Critical Legal Studies Movement*, London, 1986），遗憾的是，昂格尔为了传达一种神秘真理的感觉而牺牲了通俗易懂的写作风格。这位作家的思想更好地体现在《现代社会的法律》（*Law in Modern Society*, London, 1976）这本书中，昂格尔试图将当代法律纳入原始的社会学理论框架中，对于喜欢这种尝试的人来说这是极富吸引力的，不过作为专业的历史学家，我不得不承认我个人不太喜欢昂格尔的做法。如果你喜欢的话，请一定设法阅读马克斯·韦伯的《论经济与社会中的法律》（Max Weber, *Law in Economy and Society*, Cambridge, Mass., 1954）；类似理论的另一个版本由马克斯·莱因斯坦（Max Rheinstein）提出，发表在哈佛大学出版社出版的"20世纪法律哲学系列"（20 th Century Legal Philosophy series）中。

法律并不仅仅与思想有关，法律也与人有关，其中最重要的一类人就是律师。遗憾的是，优秀的英国律师传记的数量少之又少，E.梅杰里班克的《爱德华·马塞尔·豪尔爵士生平》（E. Majoribank, *Life of Sir Edward Marshall Hall*, London, 1929），H.蒙哥马利·海德的《诺曼·比克特》（H. Montgomery Hyde, *Norman Birkett*, London, 1964），以及R.F.V.休斯敦的《1885—1940年间的司法大臣们》（R. F. V. Heuston, *Lives of the Lord Chancellors 1885—1940*, London, 1964）是为数不多的几部优秀著作。其余大多数传记和自传都毫无质量可言。除此之外，英国也出现了大批关于法律的通俗著作，有一些阐述得还是非常到位的，A.P.赫伯特的《使人误解的案例》（A. P. Herbert, *Misleading Cases*）（后被整理为《不普通的法律》〔*Uncommon Law*〕，London, 1935）就是这样一部佳作，赫伯特在书中滑稽地模仿和阐述了法律推理。

最后需要提及的是报纸和电视，这两种媒体都在不间断地报道具有法律意义的事件，特别是热点时事问题。任何一个对法律有浓厚兴趣的人都会发现，每天都有新的素材被呈现给大众和被人们讨论。高质量的报纸，特别是《泰晤士报》，稍微差一点的《每日电讯报》和《独立报》，都是法律报道的最佳出处；《卫报》更侧重于评论而不是报道。当然，所有报纸上的报道都经过了处理和加工，读者必须小心谨慎。比较低级的新闻机构表达出的对法律和法律事件的态度，往往都显得相当可笑。

报纸和电视这两种媒体都在不间断地报道具有法律意义的事件，特别是热点时事问题。任何一个对法律有浓厚兴趣的人都会发现，每天都有新的素材被呈现给大众和被人们讨论。当然，所有报纸上的报道都经过了处理和加工，读者必须小心谨慎。

接触法律职业

　　法院通常是对公众开放的，并且是免费的。请去参观法院。每个城镇都会有地方法院，如果你打听一下，就会知道法院何时开庭。要参观少年法院，必须得到法庭书记的许可，你可以亲自去拜访他，或者给他写信说明你的意图。如果你能组织很多人，或许能够安排一次团体参观。较大的城镇设有刑事法院，专门审理刑事案件。只有规模较大的刑事法院才会审理像谋杀之类严重的犯罪行为。如果你住在伦敦，老贝利（伦敦中央刑事法院）有审理不完的案子，你也可以参观上诉法院的刑事分庭，他们审理案件的过程会让你大吃一惊。民事案件由县法院受理，很多城镇都设有县法院，你可以从电话簿上查到它们的电话，然后打电话询问法院的开庭时间。县法院审理的民事案件的涉案金额相对较小。比较大的民事案件由高等法院审理。坐落在伦敦斯特兰德大道的皇家法院就审理大型民事案件，像利物浦等许多大城市也都设有高等法院。同样，你只消花点时间在电话簿上找到它们的电话，所有问题都可迎刃而解。最高上诉法院是上议院，要想联系并参观这里比较麻烦，目前我们还是暂不讨论为好。

事务律师遍布全国各地，他们通过当地的律师协会组织起来。如果在你认识的人中没有事务律师，你可以随便走进一家事务所，说明你的来意，然后问清楚当地事务律师协会秘书长的名字。经过礼貌的请求和稍稍坚持，你通常能够说服一位事务律师带你四处参观一下，甚至他还会允许你在他的办公室里工作上几周，了解各种程序。不过，悠闲慵懒的乡村事务所和城市里规模较大的事务所在事务处理上存在着很大差别。如果你注意穿着整洁得体，避免嬉皮士等风格的着装，你渴望了解法律职业的愿望会比较容易实现。在当地地方法院的法庭上，你也应该可以接触到事务律师。想要了解出庭律师就不那么容易了，因为出庭律师人数较少，并且大部分出庭律师的工作地点都在伦敦。但你可以利用一切可能得到的机会。一些巡回法官愿意和想要进入律师界的学生交谈，这是很有帮助的，可以试着找出一位当地出庭律师的名字，然后给他写信。律师会馆（下面将有更详细的介绍）也会安排参观会馆和与出庭律师会面的机会。

你可能也会对其他机构感兴趣，比如监狱。参观监狱的程序要复杂很多，这主要是出于安全考虑，以及避免使得监狱变成动物园。所以参观通常需要事先安排、集体组织，最好是由你所在的学校出面组织。当然，学校社团也可以安排当地的监狱长或缓刑监视员与学生交流。

成为一名律师

如果你正在考虑成为一名律师，那么首先你手中要有一本毕业生职业咨询服务联合会编写的小册子《法律职业》（*The Legal Profession*）。这可以向学校的职业办公室或中央服务组索取。人力资源服务委员会也编写了一本小册子《法律》（*Law*），作为他们第26号职业选择出版物，这是由皇家出版局（HMSO）出版的。皇家出版局的其他相关出版物包括《律师》（*Lawyers*）和《在地方法院任职》（*A Career in the Magistrates Courts*），前者是对在政府部门从事法律工作的指南。如果你想了解有关法律行政人员的信息，可以写信给法律行政人员学会。《经营中的出庭律师》（*Barristers in Business*）可以向商业律师协会索取。有了这些指南在手，你就可以开始考虑选择法律作为自己的职业，你将会发现成为一名律师最简单的办法就是在一所综合大学或理工科学校获得法律学位，那么接下来你就应该了解如何获得法律学位。浏览两份专业性报纸《律师协会公报》（*The Law Society's Gazette*）和《法律顾问》（*Counsel*），以及《新法律杂志》（*The New Law Journal*），都很有帮助。这些报刊可以在公共图书馆中阅览。

你不应该满足于自己的这些劳动成果。你可以给各种机构写信索取当前法律职业遵守的规章和各种有帮助的资料。与事务律师有关的规章制度可以从事务律师协会处获得，事务律师协会还出版了《受雇秘书指南》（*A Guide for Articled Clerks*）和《训练成为一名事务律师》（*Training to be a Solicitor*）。所以可以写信给他们，请求他们尽可能地多寄些资料给你；信可以写给教育和培训秘书。有志成为出庭律师的读者——我强烈建议你在充分了解这两个行业之前，不要仓促地做出选择——应该写信给法律教育理事会索取他们免费分发的各种章程和其他资料，法律教育理事会和评议会都提供《律师职业之路》（*A Career at the Bar*）。《如何成为出庭律师指南》（*Notes on How to Become a Barrister*）是法律教育理事会的另一本出版物。各种章程都出版在《日历》（*The Calendar*）上，大约每年六月份会做出一次修正。如果你倾向于成为一名出庭律师，那么你需要了解更多关于经济资助以及律师会馆的信息。如果愿意的话，你可以直接给四所会馆写信，收信人写财务秘书办公室，信中写明你正在考虑成为一名出庭律师。四所会馆都有学生顾问。地址直接写伦敦市，加上各会馆的名称，林肯会馆的邮编是WC2A 3TL，内殿会馆和中殿会馆的邮编都是EC4Y 7HL，格雷会馆的邮编是 WC1R 5FU。评议会也出版了一本关于资助学生的小册子。

无论是出庭律师还是事务律师，必须接受的教育都分为两个阶段。第一个阶段称为学术阶段，第二个阶段称为职业阶段。我们首先介绍一下出庭律师，最简单的途径是先在一所综合性大学或理工学院获得法律学位，如果你正是这么做的并且修满了六门"核心"

科目，那么学术阶段就可以告一段落了。尽管存在例外情况，但是你必须至少获得一个二等学位。（如果你获得了一个被认可的法律学位或者混合学位，但是没有修满六门核心科目，在有些情况下，可以获准不必重修已经修过的科目，在伦敦城市大学或伦敦中央理工学院完成剩下科目的学习；这些要求必须准确核实。）你至少需要经过三年的学习才能获得法律学位。在学术阶段结束之前，可以申请进入律师会馆（各会馆都有一些最低要求，你需要品质良好），通常情况下申请最好是在进入综合大学或理工学院的第一年提出，因为你必须参加律师会馆的晚餐会。基本规则是在被授予出庭律师资格之前，必须在律师会馆完成八个学期的学习，如果你希望成为执业出庭律师，在获得出庭律师资格后还要另外完成四个学期。一年分为四个学期，每三次晚餐会算作一个学期。所以比较明智的选择是尽早进入律师会馆，比如你在综合大学或理工学院的第二年就可以开始参加会馆的晚餐会了。较早接触会馆对你谋求在出庭律师工作室的学习机会也是很有帮助的。如果你希望作为一名出庭律师执业，与律师会馆接触越多，对你越有帮助。

一旦跨过了学术阶段这道门槛，如果你想作为一名出庭律师执业，作为职业阶段的第一步，你需要在出庭律师公会法律学院里参加由法律教育理事会开设的为期一年的课程。课程包括实践练习，必须按照要求圆满地完成。接下来是律师资格考试，如果考试通过，你将被授予出庭律师的资格，成为一名正式的出庭律师。但你仍然不能立即出庭辩护，还需要经过一年的学徒期，这被称为见习期。

因此，整个过程至少需要五年时间；律师资格考试也有重考和有条件通过的规定。如果你不想作为出庭律师执业，就不需要参加会馆课程或者见习，只需通过资格考试就可以了。

如果你没有获得法律学位，也可以成为出庭律师，只要你有一个其他学科的二等学位，在这种情况下要满足学术阶段的要求，你必须在伦敦参加为期一年的核心科目文凭课程的学习，这也就意味着整个过程至少要持续六年。伦敦城市大学和伦敦中央理工学院都开有核心课程。目前，出庭律师实际上是供大学毕业生选择的职业，但是没有大学学位的成年学生也可以通过特殊的安排成为出庭律师，合格的事务律师也有机会转为出庭律师。最后一个选择值得认真考虑，你可以首先成为一名合格的事务律师，然后再转为出庭律师。

对于有志成为出庭律师的学生来说，获得包括核心课程在内的法律学位，是进入这个行业最简单的途径。

对于有志成为出庭律师的学生来说，获得包括核心课程在内的法律学位，是进入这个行业最简单的途径。但是，仅获得法律学位仍不足以达到学术阶段的要求；学生需要在事务律师协会认可的法律学校或者一所理工学院完成为期一年的法律事务课程学习之后，参加事务律师毕业考试。通常情况下，在通过了毕业考试之后，学生需要经历两年的学徒期，称为受雇期。受雇期中有十八个月必须在通过考试之后完成。这也就意味着，成为一名合格的事务律师需要的时间要比出庭律师长一年左右，因为参加课程的时间是六年而不是五年，但是事务律师的受雇期是带薪的，所以比起出庭律师来说，拮据的日子会少些。如果你没有取得法律学位，也可以成为一名受雇律师。非法律学位的毕业生必须参加核心课程的学习，如果他们此前的学位课程中没有包括任何一门核心课程，需要在技工学校进行为期一年的法律专业学习，这样一来，取得事务律师资格的时间也就被延长至七年。已经学过某些核心课程的非法律学位申请人，可能不需要参加法律专业学习，但仍需通过未学课程的考试。成为事务律师不一定要取得某种学位，也不一定要等到成年以后。在这条比较艰难的道路上，申请人必须参加事务律师初级考试，进行为期五年的受雇实习，最后通过事务律师毕业考试，如果一切顺利的话，整个过程需要六年。如果出庭律师、成年学生或者法律行政人员想成为事务律师，也有特殊的安排。

有关成为律师的各种规章制度是非常复杂的，并且随时都有可能发生变化，所以不要仅仅依赖于我在上文中提供的概要，一

> 若是律师身上真有所谓最重要的品质，那就是诚实。

定要亲自拿到各种规章，认真阅读。尤其如果你是成年学生或者感觉到自己的情况比较特殊，更应写信询问。对于那些有过犯罪记录、人生有污点的人来说，面临的问题可能会比较棘手，刻意隐瞒自己的经历是进入律师职业的大忌，这也是可以理解的，不过从我的经历来看，他们对过去有过不幸的遭遇但幸免于难的申请人还是非常通情达理的。或许大家最常问的问题是应该如何在常规途径即取得包括核心课程在内的法律学位和取得非法律学位之间做出选择。第二种选择将把最后获得律师资格的时间向后推迟一年或者更

久，但这并不是一段很长的时间，尽管这意味着你在赚钱之前需要支出额外的费用。最主要的损失将是教育方面的损失，不过必须承认，很多非常优秀的律师在大学期间学的都是非法律专业，但在随后的日子里弥补了自己的不足赶了上来。或许最关键的问题是，与法律相比，你在攻读学位期间对其他科目的喜爱程度有多深，记住：你将很难再有第二次选择的机会。攻读那些包括了一部分而非全部法律核心课程的学位，是一个值得慎重考虑的选择，这不会在时间上造成任何损失，但是具体细节需要根据当前的规章制度一一弄清楚。我们已经讨论过，没有学位也可以成为事务律师，但这条路走起来事实上非常艰辛。第二个常见的问题与女性有关：她们将会受到多大程度的偏见？可能用"偏见"这个词并不正确，我们谈论的是体制性歧视。事务律师这个职业规模庞大，考虑到申请者的水平，女性申请人可以有自己的立足之地，所以在这个领域似乎性别不会造成严重的困扰。然而，统计数据显示，女律师的处境比她们所感受到的更糟糕。律师协会的数据很糟糕，也许更重要的是，有一种阻力感。所以进入律师界的女性需要考虑这些问题，并且要意识到，她们仍然在闯入一个男性的世界。女性不要轻信这个职业发出的任何表现那里风光无限好的信号，世上的一切并没有那么美好。当然，这并不代表女性就不能成为成功的律师，她们当然可以。最后要说的

女性不要轻信这个职业发出的任何表现那里风光无限好的信号，世上的一切并没有那么美好。律师不是一个轻松的职业，不要轻易被笼罩在这个职业上的光环所折服。

一点是，无论男性还是女性，如果有志成为出庭律师，应该尽可能地向自己认识的年轻出庭律师请教，得到宝贵的建议。律师不是一个轻松的职业，不要轻易被笼罩在这个职业上的光环所折服。不过对有些人来说，这确实是一个得偿所愿的职业——不仅仅是在金钱方面。

附录

世界法系产生的时代及存续时间对比图

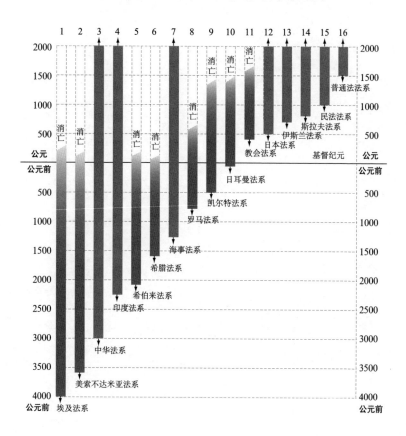